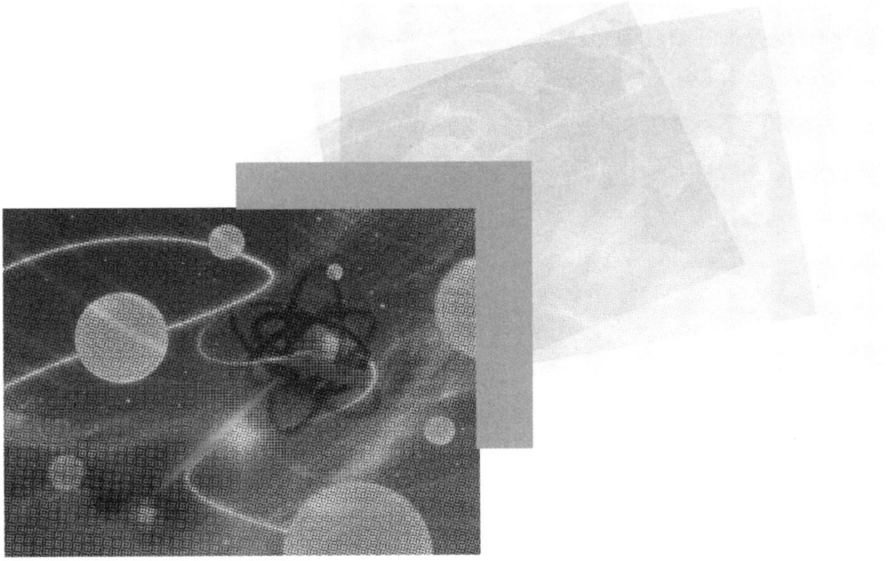

隐马尔可夫模型
及其在大范围多重检验中的应用

Hidden Markov Model and Its Applications in Large-Scale Multiple Testing

王鹏飞 著

东北财经大学出版社
Dongbei University of Finance & Economics Press
大连

图书在版编目（CIP）数据

隐马尔可夫模型及其在大范围多重检验中的应用 / 王鹏飞著. —大连：东北财经大学出版社，2025.8. —ISBN 978-7-5654-5606-0

Ⅰ. 0211.62

中国国家版本馆CIP数据核字第2025CC0427号

隐马尔可夫模型及其在大范围多重检验中的应用

YIN MAERKEFU MOXING JIQI ZAI DAFANWEI DUOCHONG JIANYAN ZHONG DE YINGYONG

东北财经大学出版社出版发行

大连市黑石礁尖山街217号　邮政编码　116025

网　　址：http://www.dufep.cn

读者信箱：dufep@dufe.edu.cn

大连永盛印业有限公司印刷

幅面尺寸：170mm×240mm　字数：145千字　印张：12.5

2025年8月第1版　2025年8月第1次印刷

责任编辑：刘　佳　责任校对：那　楠

封面设计：张智波　版式设计：原　皓

书号：ISBN 978-7-5654-5606-0　定价：65.00元

教学支持　售后服务　联系电话：(0411) 84710309

如有印装质量问题，请联系营销部：(0411) 84710711

作者简介

王鹏飞，统计学博士，东北财经大学统计学院副教授，硕士生导师。主要研究方向为大范围多重检验、生物统计以及统计计算。在 *Scandinavian Journal of Statistics*、*Computational Statistics and Data Analysis*、*TEST*、*Journal of Statistical Planning and Inference*、*BMC Bioinformatics* 以及 *Computational Statistics* 等期刊上发表论文十余篇；博士学位论文获评东北师范大学优秀博士学位论文；荣获第七届全国大学生统计建模大赛优秀指导教师奖；入选大连市高层次人才青年才俊；主持在研国家自然科学基金青年项目、辽宁省教育厅基本科研项目、辽宁省社会科学规划基金项目各一项，主持完成辽宁省教育厅青年科技人才“育苗”项目一项。

前言

著名统计学家埃弗龙（B. Efron）在其专著*Large-Scale Inference*中曾说道："Progress in statistics is usually at the mercy of our scientific colleagues, whose data is the 'nature' from which we work." 翻译成中文即统计学的进展通常受制于我们的科学同行，他们提供的数据就是我们工作的"原材料"。回溯统计学的发展历程可以发现，每一次统计学的重大突破，几乎都源于实际数据分析的迫切需求和具体科学问题的紧密结合。19世纪初，德国数学家和物理学家高斯（C. F. Gauss）通过分析谷神星（Ceres）运行轨道的观测数据，推导出了误差分布——正态分布。这一发现不仅解决了谷神星的轨道计算问题，也奠定了现代统计学的重要理论基础。20世纪初，英国统计学家戈塞特（W. S. Gosset）在为吉尼斯啤酒厂分析小样本试验数据时，发现了著名的t分布。这一分布主要用于解决在样本量较小且总体方差未知情况下的统计推断问题，为现代统计推断提供了有力工具。同样在20世纪，英国统计学家费希尔（R. A. Fisher）在洛桑农田试验站进行农业试验数据的分析时，创立了方差分析（Analysis of Variance,

ANOVA）。这一方法系统地解决了多组数据间差异的比较问题，成为试验设计和多因素分析的基础工具。进入21世纪，以微阵列数据（Microarray Data）为代表的“高通量”数据（High-throughput Data）的出现，为统计学带来了新的挑战。这类数据通常具有高维度、高噪声和强相关性的特点，广泛存在于基因组学、蛋白质组学等生命科学研究中。如何有效应对“高通量”数据统计推断带来的挑战，已成为现代统计学研究者亟待解决的重要问题之一。

“高通量”数据的统计推断通常涉及同时检验数千甚至数百万个存在复杂相关性的零假设。例如，在全基因组关联分析（Genome Wide Association Studies，GWAS）中，研究者通常需要同时检验数百万个零假设，以寻找与复杂疾病或性状相关的单核苷酸多态性（Single Nucleotide Polymorphism，SNP）；在微阵列数据分析中，研究者往往需要同时进行数万个两样本t检验，以识别表达水平存在差异的基因；在功能性磁共振成像数据分析中，研究者常常需要同时检验成千上万个零假设，以探测存在差异的大脑活动区域。然而，传统的多重检验方法通常忽略了检验之间的相依结构，这导致了检验功效的显著降低，甚至在某些情况下完全失效。因此，有必要进一步研究和开发能够适应检验之间复杂相依结构的大范围多重检验方法。

隐马尔可夫模型（Hidden Markov Model，HMM）最早由鲍姆（L. E. Baum）等人于20世纪60年代后期提出，迅速发展成为统计学和机器学习中的重要模型。如今，HMM已广泛应用于语音识别、自然语言处理、生物信息学、环境科学、金融学等多个领域。Sun和Cai（2009）首次将HMM引入大范围相依多重检验中，并提出考虑检验之间局部相依结构的多重检验统计量——局部显著性指标（Local Index of Significance，LIS）。基于这一开创性工作，近年来研究者提出一系列适应检验之间局部相依性的大范围多重检验方法。这些方法在多种应用场景中取得了进展，如Wei（2009）、Kuan和Chiang（2012）、Wang和Zhu（2019）、Cui等（2021）、Wang和Zhu（2022）、Wang和Wang（2023）以及Wang和Tian（2024）等研究成果，推动了大范围多重检验方法在相关领域的研究和应用。

本书详细介绍了HMM的基本概念与原理，并重点探讨了HMM及其扩展模型在大范围相依多重检验中的应用。主要内容包括：混合模型（Mixture Model）、马尔可夫链（Markov Chain）和HMM的基本概念与原理、假设检验的基本概念与常用方法，以及基于HMM及其拓展模型的大范围多重检验方法。本书共分为十章，具体结构安排如下：

第1章主要介绍理解HMM结构必不可少的两个关键概念：混合模型和马尔可夫链。

第2章详细介绍了HMM的基本概念和原理，并详细探讨HMM的参数估计方法，特别是期望最大化（Expectation Maximization，EM）算法。此外，本章还简要介绍了HMM的模型选择方法。

第3章首先从单个假设检验入手，简要介绍了假设检验的基本概念和原理。接着，本章重点介绍了多重检验的相关概念，包括FWER（Family Wise Error Rate）、FDR（False Discovery Rate）、FNR（False non-Discovery Rate）以及ETP（Expected Number of True Positive）等。最后，本章简要介绍了一些经典的多重检验方法，包括控制FWER的方法，如Bonferroni方法、Sidák方法以及Holm方法，以及控制FDR的常用方法，如BH（Benjamini-Hochberg）方法和Lfdr（Local False Discovery rate）方法。

第4章的内容主要基于Sun和Cai（2009）的研究，详细介绍了基于HMM的大范围多重检验方法——LIS方法。本章主要内容包括多重检验框架下的HMM、“神谕”的LIS方法（Oracle LIS Procedure）、数据驱动的LIS方法（Data Driven LIS Procedure），以及这些方法的理论性质。本章将帮助读者理解如何利用HMM有效地处理多重检验中的相依性问题。

第5章、第6章以及第7章分别介绍了基于高阶隐马尔可夫模型（Higher Order Hidden Markov Model，HOHMM）、隐半马尔可夫模型（hidden Semi Markov Model，HSMM）和分层隐马尔可夫模型（Hierarchical Hidden Markov Model，HHMM）的大范围多重检验方法。由于一阶马尔可夫链对相依结构的假设较强，在实际数据分析中使用一阶马尔可夫链描述检验的局部相依结构仍可能丢失部分结构信息。这些章节重点讨论如何利用高阶隐马尔可夫链、隐半马尔可夫链以及分层隐马尔可夫链来更准确地捕捉检验之间的局部相依性。此外，这些章节还包括相应的数值模拟和实际数据分析，以帮助读者理解和应用这些方法，从而更好地解决复杂数据的分析问题。

第8章主要介绍了基于协变量调整的隐马尔可夫模型（Covariate Modulated Hidden Markov Model，CMHMM）的大范围多重检验方法。在实际数据分析中，多重检验的结果可能同时受检验之间相依性和协变量效应的影响。为了更有效地进行大范围多重检验，本章深入讨论如何同时利用相依结构信息和协变量信息，以提高多重检验方法的功效和准确性。

第9章和第10章分别介绍了基于笛卡尔隐马尔可夫模型（Cartesian Hidden Markov Model，CHMM）和多元隐马尔可夫模型（Multivariate Hidden Markov Model，MHMM）的大范围多重检验方法。这些方法分别适用于可重复性分析和多元观测情形的多重检验问题。这两章提供的理论框架和方法，不仅扩展了传统HMM在多重检验中的应用范围，还为复杂数据结构下的统计推断问题提供了新的解决思路。

通过本书，读者将全面了解HMM及其扩展模型在大范围相依多重检验中的应用。不论您是学术研究人员、数据科学家，还是对统计学感兴趣的读者，本书都将为您提供有价值的知识和实用的工具，帮助您在实际数据分析中更好地应用HMM及其扩展模型进行大范围的统计推断，并在复杂相依大范围多重检验问题中获得更准确和更可靠的结果。

本书的完成离不开多方的支持与帮助。在此，本人谨向以下单位和个人表示衷心的感谢：首先，感谢东北财经大学优秀学术专著出版资助项目和辽宁省社会科学规划基金项目（项目号：L23CTJ002）的资助和支持。特别感谢朱文圣教授的悉心指导，本书的研究工作主要受启发于朱文圣教授的手稿。在其指导下，本人得以深入探讨相关问题，并将研究成果呈现于此。同时，感谢东北财经大学统计学院各位领导和同事的支持与帮助。在本书的编辑和出版过程中，东北财经大学出版社的刘佳老师也提供了宝贵的协助，对此表示由衷的感谢。最后，特别感谢我的父母和妻子（辛爽），他们的坚定支持和鼓励一直是我前进的动力。

由于作者水平有限，书中难免有错误和不当之处，欢迎专家和学者给予批评指正。

王鹏飞

2025年6月

东北财经大学 师学斋

目　录

第 1 章

混合模型和马尔可夫链

隐马尔可夫模型（Hidden Markov Model，HMM）是一种常用于建模局部相依序列数据的概率图模型，广泛应用于语音识别、自然语言处理、生物信息学等领域。本质上，HMM是一种描述序列局部相依性的混合模型，其观测数据的生成过程依赖于一个隐藏的具有马尔可夫性的状态序列，而其边际分布是一个混合分布。为了更好地理解HMM的定义，本章首先分别介绍混合模型和马尔可夫链的基本概念和原理。这些基本概念为后续深入探讨HMM的结构和应用提供理论基础。

1.1 混合模型

1894年，著名统计学家皮尔逊（K. Pearson）首次应用混合模型来拟合与螃蟹生物特征相关的数据，这些数据包括螃蟹前额宽度与体长的比值。通过混合模型，皮尔逊成功捕获了数据中存在的不同子群体特征（Pearson，1894）。这一工作开创了混合模型在生物数据分析中的应用。随后，皮尔逊在1906年进一步倡导将混合模型作为研究生物学问题的主要方法，为其在生物统计学领域的广泛应用奠定了基础（Pearson，2011）。此后，混合模型在遗传学中也得到了深入应用。例如，Roeder（1994）和Schork等（1996）的研究中，都利用了混合模型来描述复杂的遗传学问题。有关混合模型的详细介绍，参见李少亭（2020）一书。

在统计学中，混合模型常用于描述整个群体中可能存在的多个子群体的统计模型，在分类问题、聚类问题、随机效应分析等领域中具有广泛应用。在实际应用中，混合模型可用于解决许多实际问题。例如，在医学领域中，研究人员通常希望将患者分为不同的疾病类型或者治疗反应群体；在市场营销中，可以将消费者群体划分为不同的购买行为模式；在生态学中，可以将动物群体划分为不同种群。在实际应用中，数据往往呈现出复杂的特征，在不同的局部区域可能表现出不同的性质。根据这些不同的性质，数据通常可以被看作来自不同的子群体。例如，在人群中存在着各种各样的差异，性别、年龄、国籍、地域等。因此，可以将人群分为男性和女性、儿童和成人、来自不同国家和地区的人等不同的子群体。这些子群体在某些特征上可能呈现出明显的差异，而混合模型可以较好地描述这种复杂性。通过使用混合模型，我们能够更好地理解数据背后的结构和规律，从而作出更准确的预测。

一般而言，混合模型可以分为两大类：有限混合模型和无限混合模型。有限混合模型假设组分的数量是固定且有限的，而无限混合模型则假设组分的数量是无限的。无限混合模型通常通过非参数贝叶斯方法进行建模，以处理不确定的组分数量。

假设我们有一个由K个成分（子群体）组成的混合模型，每个成分的概率分布为$p_k(x|\theta_k)$，其中θ_k为第k个成分的参数，且x为观测数据。由全概率公式可知，观测数据x的概率密度函数（Probability Density Function，PDF）可表示为：

$$p(x|\Theta) = \sum_{k=1}^{K} \pi_k p_k(x|\theta_k),$$

$$\sum_{k=1}^{K} \pi_k = 1$$

其中，π_k是第k个成分的混合系数，满足且$\pi_k > 0$，$\Theta = \{\pi_1, \pi_2, \cdots, \pi_K, \theta_1, \theta_2, \cdots, \theta_K\}$表示混合模型的所有参数构成的集合。

在实际应用中，最常用的混合模型之一是高斯混合模型（Gaussian Mixture Model，GMM）。GMM将数据视为多个正态分布成分的线性组合，从而能够有效地建模复杂的数据分布。由于正态分布具有简单性和灵活性，GMM广泛用于聚类分析、密度估计、图像分割、语音识别等领域。关于GMM参数估计的更详细讨论，读者可参考李航（2022）一书中的相关章节。

1.2 马尔可夫链

马尔可夫链（Markov Chain）是一类随机过程，描述了一个系统在离散时间点上从一个状态转移到另一个状态的过程。马尔可夫链的主要特点是当前状态的转移只依赖于其前一个状态，而与过去的历史无关，即所谓的“无记忆性”或“马尔可夫性”。马尔可夫链在许多领域具有广泛应用，包括统计学、计算机科学和生物学等。

1.2.1 基本概念

在给出马尔可夫链的定义之前，首先需要介绍以下几个基本概念。

（1）状态空间（State Space）：系统可能处于的所有状态构成的集合，通常记为S。状态通常用示性变量表示，如$S=\{1, 2, \cdots, n\}$，其中n是状态的数量。状态空间可以是有限集，如有限个离散状态；也可以是无限集，如连续状态或无穷可列个离散状态。

（2）转移概率（Transition Probability）：系统从状态i转移到状态j的概率，通常记为P_{ij}，即

$$P_{ij} = Pr(\theta_{t+1} = j | \theta_t = i),$$

其中θ_t和θ_{t+1}分别表示系统在t和$t+1$时刻的状态。

（3）转移概率矩阵（Transition Probability Matrix）：由转移概率构成的矩阵，称为转移概率矩阵或转移矩阵，通常记为P。如果状态空间为有限集$S=\{1, 2, \cdots, n\}$，那么转移概率矩阵为$n\times n$的矩阵：

$$P=\begin{pmatrix} P_{11} & P_{12} & \cdots & P_{1n} \\ P_{21} & P_{22} & \cdots & P_{2n} \\ \vdots & \vdots & \ddots & \vdots \\ P_{n1} & P_{n2} & \cdots & P_{nn} \end{pmatrix},$$

其中$P_{ij}>0$且对所有的i成立$\sum_{j=1}^{n} P_{ij}$。

（4）初始分布（initial distribution）：系统在初始时刻$t=0$各状态的概率分布，记为$\boldsymbol{\pi}^{(0)}$，即

$\boldsymbol{\pi}^{(0)}=(\boldsymbol{\pi}_1^{(0)}, \boldsymbol{\pi}_2^{(0)}, \cdots, \boldsymbol{\pi}_n^{(0)})$，

其中$\boldsymbol{\pi}_i^{(0)}=\Pr(\theta_1=i)$。

1.2.2 马尔可夫链的定义

马尔可夫链是指一种具有“无记忆性”性质的随机过程，其具体定义如下。设$\{\theta_t\}_{t>0}$是定义在状态空间S上的一个离散时间随机过程，其中S是一个有限或无限的集合。该随机过程被称为马尔可夫链（Markov Chain），如果对于所有的状态$i_1, i_2, \cdots, i_{n+1}\in S$和所有的$n\geqslant 0$，满足以下条件：

$Pr(\theta_{n+1}=i_{n+1}|\theta_n=i_n, \theta_{n-1}=i_{n-1}, \cdots, \theta_1=i_1)=Pr(\theta_{n+1}=i_{n+1}|\theta_n=i_n)$。

该条件称为马尔可夫性（Markov Property），它表明给定当前时刻的状态$\theta_n=i_n$，马尔可夫链在下一个时刻的状态θ_{n+1}仅取决于当前状态i_n，而与过去所有状态$i_1, i_2, \cdots, i_{n-1}$无关。

1.2.3 马尔可夫链的分类

马尔可夫链根据不同的特征和性质，可以进行多种分类。

（1）按时间特性分类

按时间特性分类，马尔可夫链可分为齐次马尔可夫链（Homogeneous Markov Chain）和非齐次马尔可夫链（Non-homogeneous Markov Chain）。齐次马尔可夫链是指其转移概率矩阵不随时间变化的马尔可夫链。也就是说，从任一状态转移到另一状态的概率仅依赖于当前状态，而与时间无关。对于一个齐次马尔可夫链，其转移概率满足：

$$Pr(\theta_{t+1}=j|\theta_t=i)=P_{ij},\ \forall t\geqslant 0,\ i,\ j\in S,$$

其中P_{ij}表示从状态i转移到状态j的概率，该概率在所有时刻都相同。

非齐次马尔可夫链是指其转移概率矩阵随时间变化的马尔可夫链。也就是说，从一个状态转移到另一个状态的概率依赖于时刻。对于一个非齐次马尔可夫链，其转移概率为：

$$Pr(\theta_{t+1}=j|\theta_t=i)=P_{ij}^{(t)},\ \forall t\geqslant 0,\ i,\ j\in S,$$

其中$P_{ij}^{(t)}$表示在时刻t从状态i转移到状态j的概率，该概率允许随时间变化。

（2）按状态之间的关系分类

按状态之间的关系分类，马尔可夫链可分为不可约马尔可夫链（Irreducible Markov Chain）和可约马尔可夫链（Reducible Markov Chain）。

如果一个马尔可夫链的任意两个状态i和j之间都是可达的，即存在一个正整数n，使得从状态i转移到状态j的概率$\Pr(\theta_n=j|\theta_1=i)>0$，则称该马尔可夫链是不可约的。不可约马尔可夫链表示其状态空

间中的所有状态都可以互相到达，链的行为不会被限制在某个状态或状态的子集内。相反地，如果一个马尔可夫链存在至少两个状态，它们之间不可达，则称该马尔可夫链是可约的。在可约马尔可夫链中，状态空间可以划分为若干个彼此互不相交的子集，链在一个子集中进行状态转移，而无法到达其他子集的状态。

（3）按状态的周期性分类

马尔可夫链按照周期性可以分类为周期性马尔可夫链（Periodic Markov Chain）和非周期性马尔可夫链（Aperiodic Markov Chain）。

一个状态i的周期$d(i)$定义为系统从状态i出发并返回状态i所需的步数的最大公约数。用数学表达式表示为：

$$d(i) = g\,cd\left\{n > 0: Pr(\theta_n = i|\theta_0 = i) > 0\right\},$$

其中，gcd表示最大公约数。若$d(i) > 1$，则称状态i是周期性的，且周期为$d(i)$。相应地，若$d(i) = 1$，则称状态i是非周期性的。进一步，若马尔可夫链中的所有状态都是周期性的，则称该马尔可夫链为周期性马尔可夫链。周期性马尔可夫链的状态只能在某些特定时间步之间转换，过程的长期行为具有周期性特征。若马尔可夫链中至少有一个状态是非周期性的，则称该马尔可夫链为非周期性的。非周期性马尔可夫链中的所有状态都可以在任意时间步返回到自身。

（4）按遍历性分类

马尔可夫链按照遍历性可以分类为遍历马尔可夫链（Ergodic Markov Chain）和非遍历马尔可夫链（Non Ergodic Markov Chain）。一个马尔可夫链称为遍历的（Ergodic），如果它满足以下条件：

① 不可约性（Irreducibility）：马尔可夫链是不可约的，即状态空间中的任意两个状态都是相互可达的。

② 非周期性（Aperiodicity）：马尔可夫链中的所有状态都是非周期性的，即每个状态的周期为1。

③正常返性（Positive Recurrence）：马尔可夫链中的所有状态都是正常返的，即从状态i出发返回到该状态的期望时间是有限的。

对于遍历马尔可夫链，存在一个唯一的概率分布向量$\boldsymbol{\pi}=(\boldsymbol{\pi}_i)$，使得

$$\boldsymbol{\pi}P=\boldsymbol{\pi},$$

其中，P是转移概率矩阵。这个概率分布向量$\boldsymbol{\pi}$称为该马尔可夫链的平稳分布（Stationary Distribution）。遍历马尔可夫链从任何初始状态出发，经过足够长的时间后，状态分布将趋向于平稳分布。若一个马尔可夫链不满足遍历性的条件，则称为非遍历的。非遍历马尔可夫链的状态分布可能不会随着时间的推移收敛到某个特定的稳态分布，其链的行为可能会在状态空间中循环或随着时间而变化。需要强调的是，本书后续章节介绍的方法均基于遍历马尔可夫链。

第 2 章

隐马尔可夫模型

隐马尔可夫模型（Hidden Markov Model，HMM）是描述具有隐藏状态的时间序列数据的统计模型，广泛应用于语音识别、生物信息学和金融建模等领域。本章旨在介绍HMM的基础理论及关键方法，内容涵盖多个方面。首先，系统阐述HMM的基本定义与结构，包括隐状态序列、观测序列、状态转移概率、观测概率分布及初始状态分布等核心组成部分。接着，深入探讨计算HMM参数极大似然估计的期望最大化（Expectation Maximization，EM）算法。在此基础上，系统介绍HMM的模型选择方法，包括隐状态数目的确定和观测分布的选择。

2.1 HMM的定义

HMM的核心思想是通过一个不可观测的隐状态序列来解释观测数据的生成过程。在HMM中，隐状态序列与观测序列之间的关系揭示了数据的潜在结构。本质上看，HMM是一种特殊的相依混合模型，它假设观测数据是由隐状态序列生成的，且隐状态序列通过马尔可夫链建立了序列上的相依结构。该模型由隐状态序列和观测序列两个主要部分组成。

（1）隐状态序列。隐状态序列是一列不可观测的随机变量$\{\theta_i\}_{i=1}^m$，并且假设这些随机变量满足马尔可夫性，即当前状态θ_t仅依赖于前一个状态θ_{t-1}，而与之前的隐状态$\{\theta_i\}_{i=1}^{t-1}$无关。数学表达式为：

$$\Pr(\theta_t|\{\theta_i\}_{i=1}^{t-1}) = \Pr(\theta_t|\theta_{t-1}),\ t=2,\ 3,\ \cdots,\ m。$$

（2）观测序列。设观测对应的随机变量序列为$\{Z_i\}_{i=1}^m$。假设观测序列满足条件独立性，即当前观测变量Z_t仅依赖于当前时刻的隐状态θ_t，而与之前的观测变量和隐变量状态无关。数学表达式为：

$$\Pr(Z_t|\{Z_i\}_{i=1}^{t-1}, \{\theta_i\}_{i=1}^{t}) = \Pr(Z_t|\theta_t), \quad t = 1, 2, \cdots, m。$$

满足上述两个假设（马尔可夫性和条件独立性）的隐状态序列和观测序列所构成的概率图模型被称为隐马尔可夫模型。

HMM的参数主要由以下三类组成：初始状态分布、状态转移概率矩阵和观测分布，它们共同描述了HMM的动态行为和观测机制。这些参数是HMM的核心部分，决定了模型如何通过隐状态的演化生成观测序列，并实现对时间序列数据的建模。具体而言：

1.初始状态分布

初始状态分布描述了系统在初始时刻（$t=1$）处于各个隐状态的概率。设隐状态的集合为$S=\{1, 2, \cdots, N\}$，其中N为隐状态的数量。

初始状态分布用概率向量$\boldsymbol{\pi}=(\pi_1, \pi_2, \cdots, \pi_N)^T$表示，其中

$$\pi_i = \Pr(\theta_1 = i), \quad i = 1, 2, \cdots, N。$$

这里，π_i表示系统在时刻$t=1$处于隐状态S_i的概率。

2.状态转移概率矩阵

状态转移概率矩阵$A=[a_{ij}]$是一个$N \times N$的矩阵，其中

$$a_{ij} = \Pr(\theta_t = j|\theta_{t-1} = i), \quad i, j = 1, 2, \cdots, N。$$

这里，a_{ij}表示系统在时刻t处于隐状态S_i时，在时刻$t+1$转移到隐状态S_j的条件概率。该概率成为状态转移概率，它描述了系统在任意两个连续时间点之间从一个隐状态转移到另一个隐状态的概率。

3.观测分布

观测分布刻画了系统在给定隐状态的条件下生成观测值的概率机制，是HMM中连接隐状态与观测值的重要部分。具体而言，观测分布描述了隐状态如何影响观测值的分布特性，从而提供了从观测数据

推断隐状态的基础。若观测值是离散的，则观测分布通常用一个概率矩阵来描述。若观测值是连续的，则观测分布通常通过参数化的概率分布（例如正态分布或混合正态分布）进行建模。

本章主要讨论连续观测的情形，并假设观测值在给定隐状态的条件下服从正态分布。具体而言，观测随机变量 Z_t 在给定 θ_t 的条件下服从正态分布，即

$$Z_i|\theta_t = i \sim N(\mu_i, \sigma_i^2)。$$

设 $\pi = (\pi_1, \pi_2, \cdots, \pi_N)^T$、$A = [a_{ij}]$ 以及 $F = (f_1, f_2, \cdots, f_N)$ 分别为HMM的初始状态分布、状态转移概率矩阵以及观测分布，其中 f_i 为 $N(\mu_i, \sigma_i^2)$ 对应的概率密度函数。本章接下来主要讨论HMM参数的估计方法以及HMM的模型选择。

2.2 HMM的参数估计方法

本节主要介绍一种计算HMM参数估计的方法——期望最大化算法（Expectation Maximization，EM算法）。

这两种算法在理论和实践中均被广泛应用，各有其优点和局限性。具体来说，EM算法是一种经典的迭代优化方法，通过迭代最大化观测数据的似然函数，实现模型参数的估计。初始参数的选择对EM算法的收敛结果有重要影响，合理的初始化策略（如随机初始化、多次运行取平均或基于先验信息的初始化）可以显著提高参数估计的质量。

下面我们详细介绍EM算法，包括其实现步骤以及优缺点。

2.2.1 EM算法

HMM参数估计的EM算法又称为Baum-Welch算法，是计算极大似然估计（Maximum Likelihood Estimation，MLE）的一种迭代优化方法。本节首先给出HMM的似然函数。

考虑2.1节中定义的HMM。给定观测序列$z=(z_1, z_2, \cdots, z_m)$和隐状态序列$\Theta=(\theta_1, \theta_2, \cdots, \theta_m)$，并且记$\lambda=(\pi, A, F)$为HMM的参数。

观测序列的似然函数可表示为：

$$Pr(z|\lambda)=\sum_{\Theta} Pr(z, \Theta|\lambda),$$

其中$\Pr(z, \Theta|\lambda)$是观测序列z和隐状态序列Θ的联合概率。该联合概率可进一步分解为三部分：

$$Pr(z, \Theta|\lambda)=Pr(\theta_1|\lambda)\prod_{t=2}^{m} Pr(\theta_t|\theta_{t-1}, \lambda)\prod_{t=1}^{m} Pr(z_t|\theta_t, \lambda),$$

其中$\Pr(\theta_1|\lambda)=\pi_{\theta_1}$表示初始概率，$\Pr(\theta_t|\theta_{t-1}, \lambda)=a_{\theta_{t-1}\theta_t}$表示隐状态之间转移概率，$\Pr(z_t|\theta_t, \lambda)=f_{\theta_t}(z_t)$表示观测在给定隐状态条件下的概率。由观测序列似然函数的表达式知，当隐状态数量为N时，隐状态序列的总数为N^m。在给定HMM参数的情况下，直接计算观测序列的似然函数的计算复杂度呈指数级增长。因此，当隐马尔可夫链较长时，直接计算似然函数因计算复杂度过高而不可行。

为了解决这一问题，通常使用前向-后向算法（Forward-backward Algorithm）。这是一种动态规划方法，通过递推计算有效地降低了概率计算的复杂度。前向-后向算法广泛应用于HMM中的概率计算问题，能够显著提高大规模数据处理时的计算效率。接下来将介绍前向-后向算法的具体步骤。

1. 前向算法

前向算法的目的是通过动态递推计算每个时刻的“前向概率”，从而计算观测序列的总概率。该算法从初始状态开始，逐步递推到终止状态，计算每个时刻隐状态的可能性。

首先，前向概率的定义为：

$\alpha_t(i)=\Pr(z_1, z_2, \cdots, z_t, \theta_t=i|\lambda)$。

它表示在给定HMM参数的条件下，观测到前t个观测值且在时刻t隐状态为i的概率。前向算法的具体步骤如下：

（1）初值

$\alpha_1(i)=\pi_i f_i(z_1), i=1, 2, \cdots, N$。

（2）递推

$\alpha_t(j)=\left[\sum_{i=1}^{N}\alpha_{t-1}(i)a_{ij}\right]f_j(z_t), j=1, 2, \cdots, N$。

（3）终止

$\Pr(z|\lambda)=\sum_{i=1}^{N}\alpha_m(i)$。

2. 后向算法

后向算法与前向算法类似，但它是从最后一个时刻开始，向前递推。后向算法的目标是计算每个时刻的“后向概率”，并结合前向概率来估计隐状态的条件概率。

后向概率定义为：

$\beta_t(i)=\Pr(z_{t+1}, z_{t+2}, \cdots, z_m|\theta_t=i, \lambda)$。

它表示在给定HMM参数和时刻t的隐状态为i的条件下，观测到$t+1$时刻之后观测值的概率。后向算法的具体步骤如下：

（1）初值

$\beta_m(i)=1, i=1, 2, \cdots, N$。

（2）递推

$$\beta_t(j)=\sum_{i=1}^{N}a_{ji}f_i(z_{t+1})\beta_{t+1}(i),\ j=1,\ 2,\ \cdots,\ N。$$

（3）终止

$$\Pr(z|\lambda)=\sum_{i=1}^{N}\pi_i f_i(z_1)\beta_1(i)。$$

前向-后向算法是HMM中的一个重要工具，通过分别计算前向概率和后向概率，有效地解决了HMM中的概率计算和隐状态推断问题。前向算法从起始时刻递推到终止时刻，而后向算法从终止时刻递推到起始时刻，两者结合可以高效地估计隐状态的条件概率。

接下来，介绍HMM参数估计的EM算法。EM算法是一种迭代算法，适用于计算缺失数据模型的极大似然估计，其具体步骤如下：

（1）初始化：给定初始参数。

$$\lambda^{(0)}=(\pi^{(0)},\ A^{(0)},\ F^{(0)})。$$

（2）E步：在当前参数$\lambda^{(k)}$下，计算隐状态序列Θ的后验概率。

（a）单个隐状态的后验概率（$\gamma_t(j)$）：

$$\gamma_t(j)=Pr(\theta_t=j|z,\ \lambda^{(k)}),$$

其中$\gamma_t(j)$可由前向-后向算法计算得到，即

$$\gamma_t(j)=\frac{\alpha_t(j)\beta_t(j)}{\Pr(z|\lambda^{(k)})}。$$

（b）两个隐状态的联合后验概率（$\xi_t(i,\ j)$）：

$$\xi_t(i,\ j)=Pr(\theta_t=i,\ \theta_{t+1}=j|z,\ \lambda^{(k)}),$$

其中$\xi_t(i,\ j)$亦可由前向-后向算法计算得到，即

$$\xi_t(i, j)=\frac{\alpha_t(i)\cdot a_{ij}\cdot f_j(z_{t+1})\beta_{t+1}(j)}{\Pr(z|\lambda^{(k)})}。$$

（3）M步：利用E步中计算的后验概率更新HMM的参数估计。具体更新规则如下：

（a）初始状态分布。

$$\pi_i^{(k+1)}=\gamma_1(i),$$

即时刻$t=1$处于隐状态i的后验概率。

（b）状态转移概率矩阵。

$$a_i^{(k+1)}=\frac{\sum_{t=1}^{m-1}\xi_t(i, j)}{\sum_{t=1}^{m-1}\gamma_t(i)},$$

其中分子是隐状态i转移到j的总后验概率，分母是隐状态i的总后验概率。

（c）观测分布。

$$\mu_j^{(k+1)}=\frac{\sum_{t=1}^{m-1}\gamma_t(j)\cdot z_t}{\sum_{t=1}^{m-1}\gamma_t(j)},$$

$$\sigma_j^{(k+1)2}=\frac{\sum_{t=1}^{m-1}\gamma_t(j)\cdot(z_t-\mu_j^{(k+1)})^2}{\sum_{t=1}^{m-1}\gamma_t(j)}。$$

（4）迭代：重复执行E步和M步，直到对数似然函数收敛。

EM算法在每次迭代中都会使对数似然值非减（增加或保持不变），因此理论上可以保证算法的收敛性。这一性质源于EM算法的设计原理：通过E步计算隐变量的期望值，消除了缺失数据对似然优化的干扰；通过M步最大化参数更新，确保每次迭代后似然值不会降低。然而，由于EM算法是基于局部搜索的优化方法，其最终的收敛结果可能是局部最优解而非全局最优解，这在多峰函数或复杂模型中尤为显著。初始参数的选择对EM算法的收敛结果有重要影响，合理的初始化策略（如随机初始化、多次运行取平均或基于先验信息的初始化）可以显著提高参数估计的质量。

2.3 HMM的模型选择

HMM是一种广泛用于时间序列分析、语音识别、自然语言处理等领域的概率图模型。为了确保模型能够有效地对数据进行建模，HMM的模型选择是一个至关重要的问题。模型选择的核心任务是通过合理的方式选择隐状态数和观测分布形式。

2.3.1 隐状态数的选择

隐状态数N是HMM的一个核心参数，表示系统的潜在状态数量。选择适当的隐状态数对于提高模型的有效性至关重要，过多的隐状态数可能会导致过度拟合，过少的隐状态数可能导致模型欠拟合。常用的选择隐状态数的方法有信息准则法、交叉验证法和基于领域知识的选择法。

1. 信息准则法

通过AIC（Akaike Information Criterion）或BIC（Bayesian Information Criterion）等准则，在考虑模型拟合度的同时减少模型的复杂度，帮助选择一个合适的隐状态数。例如，AIC和BIC会基于对数似然值计算一个平衡参数数量和拟合度的得分，较低的AIC或BIC通常表示一个较好的模型。在HMM中，AIC和BIC的具体计算公式分别为：

$$\mathrm{AIC} = -2\log\Pr(z|\lambda) + 2p,$$

和

$$\mathrm{BIC} = -2\log\Pr(z|\lambda) + p\log m,$$

其中p为HMM参数的数量。

2. 交叉验证法

交叉验证法是一种强大的模型评估方法，能有效评估模型在新数据上的表现。它通过将数据集分为训练集和验证集，在训练集上训练模型，并在验证集上计算对数似然值。选择能够最大化验证数据集对数似然的隐状态数，从而确保模型在新数据上的表现最优。

3. 基于领域知识的选择法

在一些特定领域，隐状态数的选择可以借助领域知识进行合理预设。例如，在生物信息学中，隐状态数可能代表不同的基因状态或细胞活动状态，隐状态数可以根据生物学的背景知识来估算。类似地，在语音识别中，隐状态数可能对应不同的发音单元，隐状态数可以根据语言的音素数量来预设。

2.3.2 观测分布的选择

观测分布的选择在HMM建模中非常重要，直接影响模型的拟合效果和预测准确性。对于离散数据，常用多项分布来建模计算每个隐状态下的观测值，适用于类别数据或符号（如文本单词、分类标签等）。对于连续数据，通常使用正态分布，适合单峰对称数据；若数据呈多峰或非对称，高斯混合分布（GMM）更能捕捉数据的复杂性。若数据的分布形式不明确，非参数方法（如核密度估计）提供了灵活的建模方式，能够通过从数据中估计概率密度来拟合观测分布，适用于复杂或不符合常规假设的数据。

在选择合适的观测分布时，除了考虑数据的分布特性，还需要平衡模型的复杂度、计算开销和过度拟合风险。简化的分布（如正态分布）计算效率高，适用于数据较为简单或样本量较小的情况，但可能无法捕捉数据中的复杂模式。相比之下，更复杂的分布（如高斯混合分布或非参数方法）能够更精确地拟合复杂的数据结构，但通常需要更多的计算资源，并可能导致过度拟合，尤其是在样本量不足或噪声较多时。因此，合理选择观测分布对于确保模型既能拟合数据，又能避免过度复杂化至关重要。

第3章

假设检验

本章主要涉及假设检验相关的基本概念和统计推断方法，包括第Ⅰ类错误、第Ⅱ类错误、FWER（Family Wise Error Rate）、FDR（False Discovery Rate）、FNR（False Non-discovery Rate）、ETP（Expected-number of True Positive）以及部分经典的控制FWER和FDR的多重检验方法。

3.1 引言

20世纪20年代后期，在英国剑桥的一个夏日的午后，一群大学教授和他们的爱人们正享用着下午茶。在品茶的过程中，一位女士坚称：把茶加进牛奶里，或把牛奶加进茶里，不同的做法，会使奶茶的味道品起来不同。在场的绝大多数大学教授对这位女士的“胡言乱语”嗤之以鼻。然而，在座的一位身材矮小、戴着厚眼镜的先生，却不这么认为，他对这个问题很有兴趣。“让我们检验这个命题吧。”他激动地说。

这位戴着厚眼镜的先生就是著名的统计学家费希尔（R. A. Fisher)。费希尔的推理过程如下，他首先引入了一对假设：

H_0：该女士并无鉴别能力 $v.s. H_1$：该女士有鉴别能力

为了表示方便，记TM为将茶加入牛奶，MT为将牛奶加入茶。将乱序的8杯饮品（TM、MT各4杯）给这位女士，并且告诉她TM、MT各4杯。如果零假设H_0成立，那么该女士全部选对的概率仅为

1/70。如果这位女士全部选对，那么下述两种情况必发生其一：

①H_0不成立，即此女士有鉴别能力。

②发生了概率为1/70的随机事件。

显然，由于第二种情况发生的概率较低，因而我们有相当的理由认为第一种情况发生了。这样的一个推理过程就叫作假设检验。

3.2 单个假设检验

在假设检验中，研究者常常致力于评估某一特定假设的成立程度。

这个假设被称为零假设，或原假设，一般以符号 H_0 表示。零假设是一种基准假设，通常假设不存在效应、差异或者关联。与之相对的，非零假设，也称为备择假设，通常用符号 H_1 表示，描述了零假设不成立的情形，是研究者希望得到支持的观点。在假设检验中，研究者通过收集数据来比较这两个假设，并根据数据提供的证据来判断是否拒绝零假设，从而支持备择假设。

假设检验的原理可以用小概率原理来解释。小概率原理指的是发生概率非常小的随机事件在一次试验中几乎不可能发生。换而言之，如果零假设是真实的，那么不支持零假设的事件A在一次试验中几乎不可能发生；如果在一次试验中事件A发生了，那么就有理由怀疑零假设的真实性，从而拒绝零假设。

在假设检验过程中，可能会犯两类错误：

第I类错误（拒真错误）：当零假设为真时，错误地拒绝了零假设。

第II类错误（取伪错误）：当零假设不真时，错误地未能拒绝零假设。

简而言之，第I类错误是拒绝了实际上是真的零假设，而第II类错误是未能拒绝实际上是假的零假设。

单个假设检验即只检验一个零假设。当进行单个假设检验时，研究者通常将犯第I类错误的概率作为检验结论可靠性的度量。显著性水平（通常用 α 表示）是在进行假设检验时事先确定一个可允许的概率作为判断小概率标准的界限。当样本容量固定时，犯第I类错误的概率和犯第II类错误的概率此消彼长。通常情况下，研究者在检验单个零假设时需要将犯第I类错误的概率控制在某个给定的显著性水平以下，并且最小化犯第II类错误的概率。

3.3 多重假设检验

一般而言，多重检验根据所关心的问题可以分为两类：全局检验和多重比较。统计学家蔡天文（T. T. Cai）曾用典故“闻鸡起舞”来形象地解释这两类多重检验问题的区别。现在，我们从统计学的视角再来回顾一下这则励志故事。

晋代的祖逖是一个心胸宽阔、抱负远大的人。他年少时不爱读书，青年时才意识到自己知识的匮乏，深感不读书无以报效国家。于是，他“闻鸡起舞”，发奋练功，终成一代文武双全的将才，官拜镇西将军。

一次半夜里，祖逖在睡梦中听到公鸡的打鸣声。他把好友刘琨叫醒，说：“你听见鸡鸣了吗？”

刘琨说：“半夜听见鸡鸣不吉利。”

祖逖说：“我偏不这样想，咱们以后听见鸡鸣就起床练剑如何？”

刘琨欣然同意。从此，他们“闻鸡起舞”，从不间断，终成国家栋梁之才。

从统计学的角度来看，“你听见鸡鸣了吗？”可以被视为一个全局检验问题。在该全局检验问题中，我们的关注点在于是否有足够的证据表明确实听到了鸡鸣声。然而，一旦我们确定听到了鸡鸣声，我们可能会进一步追问：“鸡鸣声到底来自东、南、西还是北？”第二个问题就涉及多重比较问题。在多重比较中，我们不再仅仅关注是否存在显著差异，而是关心哪些具体假设被判定为显著。换而言之，全局检验问题关注的是“是否存在零假设被判定为显著”，而多重比较问题关注的是“哪些零假设被判定为显著”。在实践中，随着检验数量的增加，多重比较问题面临前所未有的挑战。本书主要关注多重检验中的多重比较问题。

假设同时检验 m 个零假设 $\{H_i\}_{i=1}^m$，其中 m_0 个零假设为真，m_1 个零假设不真。假设采用某个多重检验方法对这 m 个零假设进行判定，其中 R 个零假设判定为显著，S 个零假设判定为不显著。由此我们可对零假设进行分类，其分类结果如表3-1所示。

表3-1　**零假设的分类**

零假设的状态 \ 判定结果	判定不显著	判定为显著	总计
零假设为真	N_{00}	N_{10}	m_0
零假设不真	N_{01}	N_{11}	m_1
总计	S	R	m

由表3-1知：该多重检验方法犯第I类错误和第II类错误的数量分别为 N_{10} 和 N_{01}，并且判定为显著和不显著的零假设数量分别为 R 和 S。

3.3.1　FWER

FWER（Family Wise Error Rate）是一种常用的多重检验控制准则，其定义如下：

$$\text{FWER} = Pr(N_{10} \geqslant 1),$$

即至少犯1次第I类错误的概率。

传统的控制FWER的多重检验方法可分为三类：Single-step过程

方法、Step-up过程方法和Step-down过程方法。例如，经典的Bonferroni方法是一种Single-step过程方法（Bonferroni，1936），该方法通过将每一个检验的显著性水平设置为α/m（m是检验的数量），进而将FWER控制在显著性水平α以下。当检验的p值相互独立时，另一种Single-step过程方法——Sidák方法通过将每一个检验的显著性水平设置为$1-(1-\alpha)^{1/m}$，进而将FWER控制在预设的水平α以下（Sidák，1967）。其他一些常用的控制FWER的多重检验方法有：Holm方法（Holm，1979；Step-down过程方法）、Hommel方法（Hommel，1988；Step-up过程方法）等。

FWER是一种非常严格的控制准则。当检验的数量较少时，控制FWER的多重检验方法可以有效避免错误拒绝（即第I类错误）的发生。然而当检验的数量较多时，控制FWER的多重检验方法表现得过于保守，以至于难以检测出不真的零假设。k-FWER是对FWER的一种直接改进，其定义为

$$k-\text{FWER}=Pr(N_{10}\geqslant k),$$

即至少犯k次第I类错误的概率。事实上，在大规模的数据分析中，犯较少比例的第I类错误并不会造成严重的后果。相反地，严格控制FWER或k-FWER的多重检验方法常因无法识别出真实信号而造成更高的研究成本。在大规模多重检验中，控制错误拒绝在所有拒绝的零假设中所占的比例更为合理。基于此，一种更加宽松的多重检验控制准则——FDR（False Discovery Rate）应运而生（Benjamini和Hochberg，1995）。

3.3.2 FDR

控制错误拒绝占所有拒绝的比例，这一想法的提出可追溯到Seeger（1968）。Benjamini和Hochberg（1995）首次提出FDR这一概

念，并成功地将其应用于大范围多重检验。FDR的定义为

$$\mathrm{FDR}=\mathrm{E}\left(\frac{N_{10}}{R\vee 1}\right),$$

FDR反映了在"错误拒绝"和"正确拒绝"之间的一种权衡关系。将FDR控制在较低的显著性水平可以确保错误拒绝的比例相对于正确拒绝的比例较小。其他一些常用的犯第I类错误的度量包括：pFDR（Positive False Discovery Rate）①、mFDR（Marginal False Discovery Rate）②等。事实上，这些度量在一定条件下与FDR是等价或渐近等价的。Storey（2003）指出：当检验统计量来自随机混合模型时，pFDR与FDR相互等价。Genovese和Wasserman（2002）证明：在一些较弱的条件下，

$$\mathrm{mFDR}=\mathrm{FDR}+O(m^{-1/2})。$$

因此，当检验数量较大时，mFDR与FDR渐近等价。

近年来，FDR控制准则已被广泛应用于大范围多重检验问题。研究者已提出一系列控制FDR的多重检验方法。Benjamini和Hochberg（1995）基于p值提出一种自适应设置阈值的多重检验方法（BH方法）。在理论上可以证明：当检验的p值相互独立时，BH方法可以将FDR控制在水平$(1-\pi_1)\alpha$以下，其中π_1为非真零假设的比例。显然，当非真零假设的比例较高时，BH方法表现得过于保守。为了克服这个缺陷，Benjamini和Hochberg（2000）提出一种基于自适应p值的多重检验方法。该方法首先给出一个π_1的保守估计$\hat{\pi}_1$，然后将BH方法选择阈值的方式应用于自适应p值（原p值乘以$1-\hat{\pi}_1$），从而将FDR控制在水平$(1-\pi_1)/(1-\hat{\pi}_1)\alpha$以下。其他一些常用的控制FDR的多重检验方法有：基于q值的多重假设检验方法

① 为了配合书中的公式，Positive False Discovery Rate简写为pFDR。
② 为了配合书中的公式，Marginal False Discovery Rate简写为mFDR。

（Storey，2002）、基于随机过程的多重检验方法（Genovese和Wasserman，2002；2004）、基于Lfdr（Local False Discovery Rate）[①]的多重检验方法（Efron，2001，Lfdr方法）等。Sun和Cai（2007）使用复合决策理论证明了Lfdr方法的最优性。近年来，越来越多的研究者开始关注大规模相依多重检验。例如，为了描述检验之间的序列相依性，Sun和Cai（2009）提出基于HMM的多重检验方法——LIS（Local Index of Significance）方法。本书主要介绍基于HMM及其拓展模型的多重检验方法。其他一些关于LIS方法的改进可参看文献：Kuan和Chiang（2012）、Shu等（2015）、Wang和Zhu（2022）、Wang等（2023）以及Wang和Tian（2024）等。

3.3.3 FNR和ETP

在单个假设检验中，若样本容量固定，则犯第I类错误的概率和犯第II类错误的概率不能同时减小。一般而言，研究者希望将犯第I类错误的概率控制在预设的水平以下，并且将犯第II类错误的概率降至最低。在多重检验中，FNR（False Non-discovery Rate）常被用作犯第II类错误的一个度量。具体而言，FNR（Genovese和Wasserman，2002）定义为：

$$\mathrm{FNR} = \mathrm{E}\left(\frac{N_{01}}{S \vee 1}\right)。$$

FNR反映了在“错误不拒绝”和“正确不拒绝”之间的一种权衡关系。FNR越小，“错误不拒绝”相比于“正确不拒绝”的比例越小。类似于单个假设检验，若样本容量固定，则FDR与FNR不能同时减小。在多重检验中，研究者通常希望将FDR控制在预先设定的水平，并且最小化FNR。

① 为了配合书中的公式，Local False Discovery Rate简写为Lfdr。

另一种常用于衡量多重检验方法功效的度量为ETP（Expected Number of True Positive），其定义为：

$$\mathrm{ETP}=\mathrm{E}\left(N_{11}\right)。$$

即正确拒绝的零假设数量的期望。Cao（2013）指出：在一些较弱的条件下，最大化ETP与最小化FNR渐近等价。其他对多重检验方法功效的度量包括：AP（Average Power）、MDR（Missed Discovery Rate）、NDR（Non Discovery Rate）。这些度量的具体定义可参考文献：Spjøtvoll（1972）、Storey（2007）以及Efron（2007）。

若一个多重检验方法可以将FDR控制在预设的显著性水平以下，则称该方法是有效的；若一个多重检验方法在相同的FDR水平下使得FNR达到最小，则称该方法是最优的。

3.4 常用的多重检验方法

3.4.1 Bonferroni方法

Bonferroni方法通过将每个检验犯第I类错误的概率控制在α/m，进而将FWER控制在显著性水平α以下。设m个零假设$\{H_i\}_{i=1}^m$对应的p值为$\{p_i\}_{i=1}^m$。Bonferroni方法的具体执行过程如下：

若$p_i \leqslant \alpha/m$，则拒绝零假设H_i。

在理论上可以证明：Bonferroni方法可以将FWER控制在显著性水平$\alpha \cdot m_0/m$以下。

定理 3.1 Bonferroni方法可以将FWER控制在水平$\alpha \cdot m_0/m$以下，即

$$\mathrm{FWER}_{\mathrm{Bonferroni}} \leqslant \frac{m_0}{m}\alpha。$$

证明：令

$$\delta_i = \begin{cases} 1, & \text{如果} p_i \leq \alpha/\mathrm{m}, \\ 0, & \text{否则。} \end{cases}$$

记零假设为真的指标集为 $\mathcal{H}_0$。关于 Bonferroni 方法，有 $N_{10} = \sum_{i \in \mathcal{H}_0} \delta_i$。由此得

$$\mathrm{E}(N_{10}) = \sum_{i \in \mathcal{H}_0} \mathrm{E}(\delta_i) = \sum_{i \in \mathcal{H}_0} \mathrm{Pr}(\delta_i = 1) = \sum_{i \in \mathcal{H}_0} \alpha/m = \frac{m_0}{m}\alpha。$$

Bonferroni 方法的 FWER 为

$$\mathrm{FWER}_{\mathrm{Bonferroni}} = Pr(N_{10} \geq 1)$$

$$\leq Pr(N_{10} \geq 1) + Pr(N_{10} \geq 2) + \cdots + Pr(N_{10} \geq m)$$

$$= \mathrm{E}(N_{10})。$$

定理得证。

3.4.2 Sidák 方法

当检验相互独立时，通过将每个检验犯第 I 类错误的概率控制在 $1-(1-\alpha)^{1/m}$，Sidák 方法可将 FWER 控制在显著性水平 α 以下。具体而言，Sidák 方法的执行过程如下：

若 $p_i \leq 1-(1-\alpha)^{1/m}$，则拒绝零假设 H_i。

在理论上可以证明：当 $\{p_i\}_{i=1}^m$ 相互独立时，Sidák 方法可以将 FWER 控制在显著性水平 α 以下。

定理 3.2 若 $\{p_i\}_{i=1}^m$ 相互独立，则 Sidák 方法可以将 FWER 控制在显著性水平 α 以下，即

$$\mathrm{FWER}_{\mathrm{Sidak}} \leq \alpha。$$

证明：令

$$\Delta_i = \begin{cases} 1, & \text{如果} p_i \leq 1-(1-\alpha)^{1/m}, \\ 0, & \text{否则。} \end{cases}$$

Sidák方法的FWER为

$$\begin{aligned}\text{FWER}_{\text{Sidak}} &= Pr(N_{10} \geqslant 1)\\ &= 1 - Pr(N_{10} = 0)\\ &= 1 - \Pr\Big(\bigcap_{i \in H_0} (\Delta_i = 0)\Big)\\ &= 1 - \prod_{i \in H_0} \Pr(\Delta_i = 0)\\ &= 1 - (1 - \alpha)^{m_0/m}\\ &\leqslant \alpha。\end{aligned}$$

定理得证。

3.4.3 Holm方法

设 $p_{(1)}$, $p_{(2)}$, …, $p_{(m)}$ 为从小到大排序的 p 值，设 $H_{(1)}$, $H_{(2)}$, …, $H_{(m)}$ 为与之对应的零假设。Holm方法的执行过程如下：

若$\left\{i|p_{(i)} \leqslant \dfrac{\alpha}{m - i + 1}\right\}$为空集，则不拒绝所有零假设；

否则，令$k = \max\left\{i|p_{(i)} \leqslant \dfrac{\alpha}{m - i + 1}\right\}$，并拒绝零假设$H_{(i)}$，$i \leqslant k$。

下一个定理表明：Holm方法可以将FWER控制在显著性水平α以下。

定理3.3 Holm方法可以将FWER控制在显著性水平α。

证明：令i_0为真零假设的最小p值的秩，即

$p_{(i_0)} = \min_{i \in \mathcal{H}_0} p_i$。

由i_0的定义得$i_0 \leqslant m - m_0 + 1$。因此，有

$\dfrac{\alpha}{m - i_0 + 1} = \dfrac{\alpha}{m_0}$。

由Holm方法的执行过程得

$$
\begin{aligned}
\mathrm{FWER}_{\mathrm{Holm}} &= Pr\left(p_{(i_0)} \leqslant \frac{\alpha}{m - i_0 + 1}\right) \\
&\leqslant \Pr(\min_{i \in H_0} p_i \leqslant \frac{\alpha}{m_0}) \\
&\leqslant \sum_{i \in H_0} \Pr(p_i \leqslant \frac{\alpha}{m_0}) \\
&= \alpha。
\end{aligned}
$$

定理得证。

3.4.4 BH方法

设 $p_{(1)}$，$p_{(2)}$，…，$p_{(m)}$ 为从小到大排序的 p 值，设 $H_{(1)}$，$H_{(2)}$，…，$H_{(m)}$

为与之对应的零假设。BH方法的具体执行步骤如下：

若 $\left\{i|p_{(i)} \leqslant \frac{i}{m}\alpha\right\}$ 为空集，则不拒绝所有零假设；

否则，令 $k = \max\left\{i:\ p_{(i)} \leqslant \frac{i}{m}\alpha\right\}$，并拒绝零假设 $H_{(i)}$，$i \leqslant k$。

下面使用一个模拟来演示BH方法的执行过程。设置参数 $m = 50$，$m_0 = 30$。假设零假设为真时，p 值服从0到1之间的均匀分布；假设零假设为不真时，p 值服从贝塔分布（0.5，10）。设置FDR水平为0.1。模拟结果如图3-1所示。

图3-1中的圆圈表示真零假设对应的 p 值，叉号表示非真零假设对应的 p 值，直线表示阈值 $i \cdot \alpha/m$ 的拟合直线。由图3-1可知，BH方法拒绝了所有直线下方 p 值所对应的零假设。

Benjamini和Hochberg（1995）严格证明了BH方法可以将FDR控制在预设的显著性水平下。在详细介绍其证明之前，我们首先通过一种更为直观的方式来理解BH方法是如何控制FDR的。BH方法包含两步：首先对p值从小到大进行排序；然后设定一个阈值T，将所有p值小于T的零假设都判定为显著。我们希望选择一个阈值T，使得

$$\mathrm{FDR}_{\mathrm{BH}} \leqslant \alpha$$

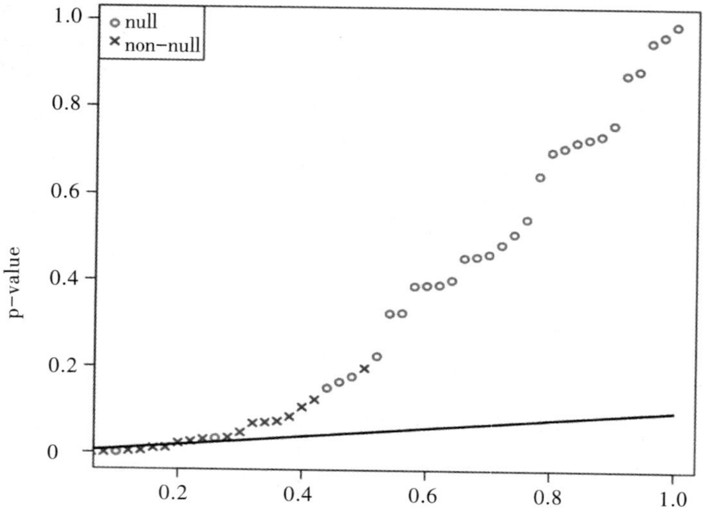

图 3-1　BH 方法执行过程

考虑与FDR近似的一个估计量FDP（False Discovery Proportion），其定义为

$$\mathrm{FDP} = \frac{N_{10}}{R} \approx \frac{m_0 T}{\sum_{i=1}^{m} I(p_i \leqslant T)}。$$

为了将FDR控制在α，选择阈值T，使得

$$\sum_{i=1}^{m} I(p_i \leqslant T) \approx \frac{m_0 T}{\alpha}。$$

令$T = \frac{k}{m}\alpha$，则有

$$\sum_{i=1}^{m} I\left(p_i \leqslant \frac{k}{m}\alpha\right) \approx \frac{m_0}{m}k。$$

由于m_0未知，因此只需选择最大的k，使得

$$\sum_{i=1}^{m} I(p_i \leqslant \frac{k}{m}\alpha) \leqslant k。$$

显然，BH方法所选择的阈值满足上述不等式。

定理 3.4 若$\{p_i\}_{i=1}^m$相互独立，则BH方法可以将FDR控制在水平

$\alpha m_0/m$，即

$$\mathrm{FDR}_{\mathrm{BH}} \leqslant \frac{m_0}{m}\alpha,$$

其中当p值服从连续分布时等号成立。

证明：不失一般性，设$\mathcal{H}_0 = \{1, 2, \ldots, m_0\}$。令

$$\varphi_i = \begin{cases} 1，如果BH方法拒绝H_i, \\ 0，否则。\end{cases}$$

当$\{p_i\}_{i=1}^m$相互独立时，成立

$$\begin{aligned}
\mathrm{FDR}_{\mathrm{BH}} &= \mathrm{E}\left(\frac{N_{10}}{R \vee 1}\right) \\
&= \mathrm{E}_R\left(\mathrm{E}\left(\frac{N_{10}}{R \vee 1}|\right)\right) \\
&= \sum_{i=1}^{m_0}\sum_{j=1}^{m}\frac{1}{j} Pr(\varphi_i = 1|R = j)Pr(R = j) \\
&= \sum_{i=1}^{m_0}\sum_{j=1}^{m}\frac{1}{j} Pr(R = j, \varphi_i = 1) \\
&= m_0\sum_{j=1}^{m} Pr(R = j, p_1 \leqslant \frac{j}{m}\alpha) \\
&= m_0\sum_{j=1}^{m} \Pr(R = j|p_1 \leqslant \frac{j}{m}\alpha)\Pr(p_1 \leqslant \frac{j}{m}\alpha)。
\end{aligned}$$

由$\Pr(p_1 \leqslant \frac{j}{m}\alpha) \leqslant \frac{j}{m}\alpha$，我们有

$$\mathrm{FDR}_{\mathrm{BH}} \leqslant \frac{m_0\alpha}{m}\ [\sum_{j=1}^{m-1}\left(Pr(R \geqslant j|p_1 \leqslant \frac{j}{m}\alpha) - Pr(R \geqslant j+1|p_1 \leqslant \frac{j}{m}\alpha)\right) +$$

$$Pr(R \geq m|p_1 \leq \frac{m}{m}\alpha)]$$

$$= \frac{m_0\alpha}{m}\left[\sum_{j=2}^{m}\left(Pr(R \geq j|p_1 \leq \frac{j}{m}\alpha) - Pr(R \geq j|p_1 \leq \frac{j-1}{m}\alpha)\right)\right.$$

$$\left. +Pr(R \geq 1|p_1 \leq \frac{1}{m}\alpha)\right]$$

$$= \frac{m_0}{m}\alpha。$$

最后一个等式成立的原因是，对任意 $1 \leq j \leq m$，下面两个事件等价，

即

$$R \geq j \Leftrightarrow \exists k \geq j,\ \sum_{i=1}^{m} I(p_i \leq \frac{k}{m}\alpha) \geq k。$$

因此

$$Pr(R \geq j|p_1 \leq \frac{j}{m}\alpha) - Pr(R \geq j|p_1 \leq \frac{j-1}{m}\alpha)$$

$$= Pr(\exists k \geq j,\ \sum_{i=1}^{m} I(p_i \leq \frac{k}{m}\alpha) \geq k|p_1 \leq \frac{j}{m}\alpha)$$

$$-Pr(\exists k \geq j,\ \sum_{i=1}^{m} I(p_i \leq \frac{k}{m}\alpha) \geq k|p_1 \leq \frac{j-1}{m}\alpha)$$

$$= 0。$$

定理得证。

3.4.5 Lfdr 方法

Lfdr（Local False Discovery Rate）方法是一种经验贝叶斯方法（Efron，2001；2004）。设 $\{\theta_i\}_{i=1}^{m}$ 为零假设 $\{H_i\}_{i=1}^{m}$ 的状态序列，其中

$$\theta_i = \begin{cases} 0，如果零假设H_i为真， \\ 1，否则。 \end{cases}$$

设零假设的状态 θ_i 具有先验分布（伯努利分布），

$\Pr(\theta_i=0)=\pi_0$，$\Pr(\theta_i=1)=\pi_1=1-\pi_0$。

定义 $z_i=\Phi^{-1}(p_i)$ 为零假设 H_i 对应的 z 值。假设 $\{z_i\}_{i=1}^m$ 在给定 $\{\theta_i\}_{i=1}^m$ 的条件下服从两成分混合分布，即

$z_i|\theta_i \sim (1-\theta_i)F_0(z_i)+\theta_i F_1(z_i)$，$i=1$，…，$m$，

其中 $F_0(z)$ 和 $F_1(z)$ 分别为零假设成立和不成立时 z 值的 CDF。记 $f_0(z)$ 和 $f_1(z)$ 分别为 $F_0(z)$ 和 $F_1(z)$ 对应的 PDF，并且记 $f(z)=\pi_0 f_0(z)+\pi_1 f_1(z)$ 和 $F(z)=\pi_0 F_0(z)+\pi_1 F_1(z)$ 分别为混合 PDF 和混合 CDF。定义 Lfdr 统计量为

$\text{Lfdr}_i=Pr(\theta_i=0|z_i)$，$i=1$，…，$m$，

即 $\text{Lfdr}_i=\pi_0 f_0(z_i)/f(z_i)$。

在实际中，π_0 和 $f(z)$ 通常是未知的，需要先对其进行估计。要估计参数 π_0，只需估计 $\pi_1=1-\pi_0$。Schweder 和 Spjøtvoll（1982）提出一种基于尾部 p 值估计 π_1 的方法。具体而言，设 t 为一个关于 p 值的较大的阈值（比如 $t=0.5$）。记 $W(t)=\#\{p_i:\ p_i>t\}$ 为大于 t 的 p 值的数量。

假设真零假设的 p 值服从均匀分布 $U(0,1)$。由于大于 t 的非真零假设的 p 值极少，因此 $\text{E}\{W(t)\}\approx m(1-\pi_1)(1-t)$。由此得 π_1 的一个估计

$$\hat{\pi}_1(t)=1-\frac{W(t)}{m(1-t)}。$$

目前，研究者已提出一系列估计 π_1 的方法（Langaas 等，2005；Meinshausen 和 Rice，2006；Cai 等，2007；Cai 和 Jin，2010）。关于 $f(z)$ 的估计，可采用非参数核密度估计法（Kuan 和 Chiang，2012）、非参数贝叶斯法（Wang 等，2019）以及高斯混合分布建模（Sun 和 Cai，2009）等方法。

设 $\hat{\text{f}}_{(1)}$，…，$\hat{\text{f}}_{(m)}$ 为从小到大排序的 Lfdr 估计量，并且设 $H_{(1)}$，$H_{(2)}$，…，$H_{(m)}$ 为与之对应的零假设。Lfdr 方法的具体执行步骤如下：

若 $\left\{i:\frac{1}{i}\sum_{j=1}^{i}\hat{\text{f}}r_{(j)} \leqslant \alpha\right\}$ 为空集，则所有零假设均不拒绝；

否则，令 $l = \max\left\{i:\frac{1}{i}\sum_{j=1}^{i}\hat{\text{f}}r_{(j)} \leqslant \alpha\right\}$，并拒绝 $H_{(j)}$，$j = 1$，…，l。

Sun 和 Cai（2007）指出，Lfdr 统计量在满足 MLRC（Monotone Likelihood Ratio Condition）的条件下，Lfdr 方法可将 mFDR 控制在预设显著性水平以内，并且在相同的 mFDR 水平下使得 mFNR 达到最小。

第 4 章

基于隐马尔可夫模型的大范围多重检验方法

本章内容主要基于Sun和Cai（2009）的开创性研究工作。首先，简要回顾相依多重检验问题的研究背景，分析其在统计学和数据科学中的重要性。其次，系统介绍多重检验框架下的隐马尔可夫模型（Hidden Markov Model，HMM），详细阐述基于HMM的大范围多重检验方法，包括其基本原理、算法实现及理论性质。最后，总结本章的主要内容，概括其研究意义，同时展望未来可能的研究方向和改进空间。

4.1 引言

在实际应用中，大范围多重检验问题所产生的观测数据（如p值或z值）通常存在一定程度的相依性。例如，在微阵列数据分析中，不同基因往往依据特定的生物学路径聚类成组，并在组内表现出高度相关性。这种组间和组内的依赖关系使得独立性假设在许多情况下不再成立。

近年来，越来越多的研究表明，检验之间的相依性对多重检验结果有着显著影响。Finner和Roters（2002）以及Owen（2005）指出，检验之间的相依性会显著影响第I类错误的期望和方差。Qiu等（2005）发现，相依性不仅影响假设检验结果的准确性，还会显著降低多重检验方法的统计功效。Efron（2007）进一步探讨了相依性对z值在零假设下分布的偏离情况，指出这种偏离可能导致传统多重检验方法的误用或失效。尽管Benjamini和Yekutieli（2001）以及Farcomeni（2007）的研究表明，在特定的相依性假设下，Benjamini-Hochberg（BH）方法仍能将FDR控制在预设的显著性水平。然而，在存在较强相依性的情况下，该方法往往显得过于保守，导致统计功效显著下降。事实上，合理地利用检验之间的相依结构信息，可以显著提高多重检验的统计功效，同时也有助于提升结果的解释性。近年来，大范围相依多重检验逐渐成为现代统计学研究的热点之一。随着数据规模的扩大和复杂性的增加，越来越多的研究者致力于开发能够有效建模和利用相依结构的检验方法。这些方法不仅在理论层面丰富了多重检验的研究内容，也在基因组学、神经科学和金融数据分析等实际应用中展示了其广阔的前景和重要意义。

4.2 多重检验框架下的隐马尔可夫模型

设$\{\theta_i\}_{i=1}^m$为零假设$\{H_i\}_{i=1}^m$的状态序列，其中

$$\theta_i = \begin{cases} 0，如果第i个零假设为真， \\ 1，否则。\end{cases}$$

假设$\{\theta_i\}_{i=1}^m$是一个两状态的、平稳的、不可约的、非周期的马尔可夫链，其状态转移矩阵和初始分布分别为

$$A = \begin{pmatrix} a_{00} & a_{01} \\ a_{10} & a_{11} \end{pmatrix}, \tag{4-1}$$

和

$$\pi = (\pi_0,\ \pi_1), \tag{4-2}$$

其中$a_{pq} = \Pr(\theta_{i+1} = q|\theta_i = p)$，$\pi_p = \Pr(\theta_1 = p)$，$p$，$q = 0$，$1$。

设$\{z_i\}_{i=1}^m$为零假设$\{H_i\}_{i=1}^m$的观测序列，$\{Z_i\}_{i=1}^m$为$\{z_i\}_{i=1}^m$所对应的随机变量序列。假设$\{Z_i\}_{i=1}^m$在给定$\{\theta_i\}_{i=1}^m$的条件下独立，即

$$Pr(\{Z_i\}_{i=1}^m|\{\theta_i\}_{i=1}^m) = \prod_{i=1}^m Pr(Z_i|\theta_i)。 \tag{4-3}$$

根据Efron（2001）的两成分混合模型，进一步假设

$$Z_i|\theta_i \sim (1-\theta_i)F_0 + \theta_i F_1, \tag{4-4}$$

其中F_0和F_1分别为零假设成立和不成立时观测的累积分布函数

(Cumulative Distribution Function，CDF)。由式（4-1）—（4-4）确定的概率图模型即为多重检验框架下的 HMM，其结构示意图见图 4-1。

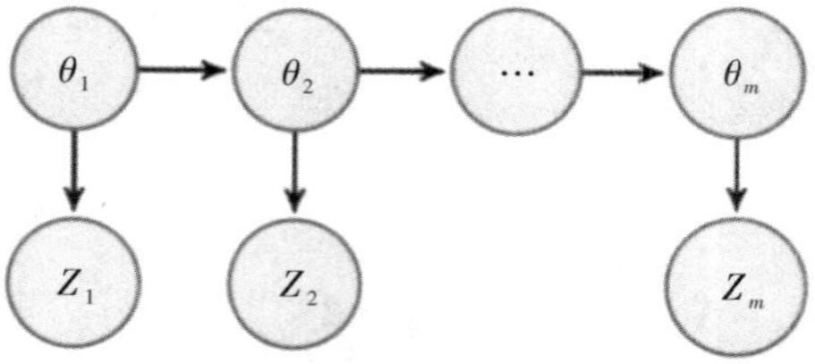

图 4-1　HMM 结构示意图

为了方便表示，记 $F=(F_0, F_1)$ 为零假设成立和不成立时观测的 CDF，记为 HMM 的参数 $\boldsymbol{v}=(\pi, A, F)$。

4.3　“神谕”的 LIS 方法

在本节中，“神谕（oracle）”指的是 HMM 参数已知。本节详细介绍“神谕”条件下基于 HMM 的大范围相依多重检验方法。

4.3.1　LIS 统计量

基于 HMM，定义局部显著性指标（Local Index of Significance，LIS）统计量如下：

$\mathrm{LIS}_k=\Pr(\theta_k=0 \mid \{z_i\}_{i=1}^m)$，$k=1, \cdots, m$。

显然，当检验相互独立时，LIS 统计量将退化为 Lfdr 统计量。LIS 统计量可通过前向-后向算法计算而得。具体而言，第 k 个检验所对应的 LIS 统计量可表示为

$$\mathrm{LIS}_k=\frac{\alpha_k(0)\beta_k(0)}{\sum_{p=0}^{1}\alpha_k(p)\beta_k(p)},$$

其中$\alpha_k(p)=\Pr(\theta_k=p,\ \{z_i\}_{i=1}^{k})$和$\beta_k(p)=\Pr(\{z_i\}_{i=k+1}^{m}|\theta_k=p)$分别为前向变量和后向变量。

由前向–后向算法得

$$\alpha_{k+1}(p)=\left\{\sum_{q=0}^{1}\alpha_k(q)a_{qp}\right\}f_p(z_{k+1}),$$

和

$$\beta_k(p)=\sum_{q=0}^{1}a_{pq}f_q(z_{k+1})\beta_{k+1}(q),$$

其中$f_p(z_k)=\Pr(Z_k=z_k|\theta_k=p)$，前向变量和后向变量的初始变量分别为$\beta_m(p)=1$和

$$\alpha_1(p)=\pi_p f_p(z_1)。$$

4.3.2 “神谕”的LIS方法及其性质

记$\mathrm{LIS}_{(1)}$，$\mathrm{LIS}_{(2)}$，…，$\mathrm{LIS}_{(m)}$为从小到大排序的LIS统计量，并且记$H_{(1)}$，$H_{(2)}$，…，$H_{(m)}$为对应的零假设。“神谕”的LIS方法的执行过程如下：

令$l=\max\left\{k:\frac{1}{k}\sum_{i=1}^{k}\mathrm{LIS}_{(i)}\leqslant\alpha\right\}$，那么拒绝所有$H_{(i)}$，$i=1$，…，$l$。

Sun和Cai（2009）中的定理2和定理3以及推论1表明：

$$\Lambda_k(\{z_i\}_{i=1}^{m})=Pr(\theta_k=0|\{z_i\}_{i=1}^{m})/Pr(\theta_k=1|\{z_i\}_{i=1}^{m})$$

是最优的多重检验统计量。由于$\Lambda_k(\{z_i\}_{i=1}^{m})$关于$\mathrm{LIS}_k$严格单调增加，因此LIS统计量在基于HMM的多重检验中也是最优的。基于LIS统计量选取阈值的想法在Genovese和Wasserman（2004）、Newton等（2004）以及Sun和Cai（2007）中均使用过，这里不再赘述。下一定理（定理4.1）表明：“神谕”的LIS方法是有效的，即“神谕”的LIS方法可将FDR控制在预设的显著性水平。

定理 4.1 考虑多重检验框架下的隐马尔可夫模型（4-1）—（4-4）。"神谕"的LIS方法可将FDR控制在显著性水平α以下。

4.4 数据驱动的LIS方法

由于HMM的参数在实际应用中通常未知，因此需要对这些参数进行有效估计。极大似然估计（Maximum Likelihood Estimation，MLE）是常用的参数估计之一，它在一定的正则条件下具有强相合性和渐近正态性，能够为HMM参数提供可靠的估计。本节采用极大似然估计法对HMM的参数进行估计。为实现参数估计，本节首先详细介绍计算HMM参数MLE的期望最大化（Expectation Maximization，EM）算法。该算法通过交替进行期望步骤（E步）和最大化步骤（M步），迭代更新参数估计值，直至收敛到局部最优解。接下来，本节进一步引入数据驱动的LIS方法，深入探讨其计算方法及理论性质。

4.4.1 隐马尔可夫模型的参数估计

不失一般性，设F_0为标准正态分布，设F_1为混合正态分布，即

$$F_1 \sim \sum_{l=1}^{L} c_l N(\mu_l,\ \sigma_l^2),$$

其中$\sum_{l=1}^{L} c_l = 1$。需要注意的是，在正态混合模型中，当某一参数接近其边界点（例如，$\sigma \to 0$）时，似然函数可能会变得无界（Kiefer和Wolfowitz，1956）。这种无界性可能导致EM算法在迭代过程中无法收敛到合理的解，从而影响模型参数的估计。为解决这一问题，可以通过以下方法改进算法：一是约束参数空间，将参数限制在一个紧集内以避免无界问题；二是引入惩罚项以调节边界效应，从而确保算法

的稳定性和收敛性（Hathaway，1985；Ciuperca等，2003）。这些方法在实际应用中能够有效提高模型的稳健性和估计的精确性。以下是EM算法的具体步骤。

算法4-1: 估计HMM参数的EM算法

输入： 观测序列 $\{z_i\}_{i=1}^m$.

输出： HMM参数的MLE.

步骤1：初始化 $\pi_i^{(0)}, a_{ij}^{(0)}, c_l^{(0)}, \mu_l^{(0)}, \sigma_l^{2(0)}$.

步骤2（E步）：计算下列的变量：

(a) $\alpha_i^{(t+1)}(j) = \Pr(\{z_k\}_{k=1}^i, \theta_i = j, \boldsymbol{\vartheta}^{(t)})$;

(b) $\beta_i^{(t+1)}(j) = \Pr(\{z_k\}_{k=i+1}^m \mid \theta_i = j, \boldsymbol{\vartheta}^{(t)})$;

(c) $\gamma_i^{(t+1)}(j) = \Pr(\theta_i = j \mid \{z_k\}_{k=1}^m, \boldsymbol{\vartheta}^{(t)})$;

(d) $\xi_i^{(t+1)}(p, q) = \Pr(\theta_i = p, \theta_{i+1} = q \mid \{z_k\}_{k=1}^m, \boldsymbol{\vartheta}^{(t)})$;

(e) $\omega_i^{(t+1)}(l) = \Pr(z_i \sim f_{1l} \mid \{z_k\}_{k=1}^m, \boldsymbol{\vartheta}^{(t)})$.

步骤3（M步）：更新以下的参数：

(a) $\pi_j^{(t+1)} = \gamma_1^{(t)}(j)$;

(b) $a_{jk}^{(t+1)} = \{\sum_{i=1}^{m-1} \xi_i^{(t)}(j,k)\}/\{\sum_{i=1}^{m-1} \gamma_i^{(t)}(j)\}$;

(c) $c_l^{(t+1)} = \{\sum_{i=1}^m \omega_i^{(t)}(l)\}/\{\sum_{i=1}^m \gamma_i^{(t)}(1)\}$;

(d) $\mu_l^{(t+1)} = \{\sum_{i=1}^m \omega_i^{(t)}(l) z_i\}/\{\sum_{i=1}^m \omega_i^{(t)}(1)\}$;

(e) $\sigma_l^{2(t+1)} = \{\sum_{i=1}^m \omega_i^{(t)}(l)(z_i - \mu_l^{(t+1)})^2\}/\{\sum_{i=1}^m \omega_i^{(t)}(1)\}$.

步骤4：依次迭代步骤2和步骤3.

4.4.2 数据驱动的LIS方法及其性质

通过使用EM算法计算得到的MLE替代HMM中的未知参数，可构建数据驱动的LIS统计量 $\hat{\mathrm{I}}_k$，$k = 1$，…，m 记 $\hat{\mathrm{I}}_{(1)}$，$\hat{\mathrm{I}}_{(2)}$，…，$\hat{\mathrm{I}}_{(m)}$ 为从小到大排序的数据驱动的LIS统计量。记 $H_{(1)}$，$H_{(2)}$，…，$H_{(m)}$ 为相应的

零假设。数据驱动的LIS方法的执行过程如下：

令$l = \max\left\{k: \frac{1}{k}\sum_{i=1}^{k}\hat{\mathrm{I}}_{(i)} \leqslant \alpha\right\}$，则拒绝$H_{(j)}$，$j = 1$，$\cdots l$。

Sun和Cai（2009）证明，在满足以下假设的条件下，数据驱动的LIS方法与“神谕”的LIS方法的性能在渐近意义上是等价的。**假设4.1—假设4.3**由Bickel等（1998）提出，用于证明HMM参数的MLE在一定的正则条件下是渐近正态的。Leroux（1992）证明，**假设4.4**在HMM的MLE满足一些正则条件下，是成立的。**假设4.5**适用于高斯混合模型，该假设确保在高斯混合模型的框架下，MLE满足渐近正态性。

假设4.1 $\{\theta_i\}_{i=1}^{m}$是参数$\boldsymbol{v}_0 = (A_0, \pi_0, F_0)$下生成的不可约、非周期的、平稳的马尔可夫链。$\boldsymbol{v}_0$是参数空间$\Theta_0$中的一个内点。

假设4.2 记$A_v = (a_{ij}(\boldsymbol{v}))$为转移矩阵，$\boldsymbol{\pi}_v = (\pi_0(\boldsymbol{v}), \pi_1(\boldsymbol{v}))$为初始概率分布。存在$\gamma > 0$和$\varepsilon_0 > 0$，使得对所有$|\boldsymbol{v} - \boldsymbol{v}_0| < \gamma$和$i$，$j = 0$，$1$成立：$a_{ij}(\boldsymbol{v}) \geqslant \varepsilon_0 > 0$和$\pi_i(\boldsymbol{v}) \geqslant \varepsilon_0 > 0$。

假设4.3 存在$\gamma > 0$使得对所有i成立：$\Pr_{v_0}(\rho_0(Z_1) = \infty | \theta_1 = i) < 1$。其中，$\rho_0(z) = \sup_{|v - v_0| < \gamma} \max_{0 \leqslant i, j \leqslant 1} \{f_i(z)/f_j(z)\}$。

假设4.4 $\widehat{\boldsymbol{v}}$是$\boldsymbol{v}_0$的相合估计。

假设4.5 f_0和f_1连续且严格大于0，并且对所有$|\boldsymbol{v} - \boldsymbol{v}_0| < \gamma$成立：

$\inf_z \{f_0(z)/f_1(z)\}$。

下一个定理（定理4.2）表明：“神谕”的LIS方法和数据驱动的LIS方法拒绝的零假设集合渐近等价。换而言之，“神谕”的LIS方法和数据驱动的LIS方法拒绝的零假设的数量以及正确拒绝的零假设的数量，都在渐近上趋于相等。这意味着，在大样本情况下，两者的统计功效和假设检验结果趋向一致，从而确保数据驱动的LIS方法在实际应用中的有效性与理论上的“神谕”方法相当。

定理 4.2 考虑多重检验框架下的隐马尔可夫模型（4-1）—（4-4）。设 R 和 $\hat{R}$ 分别为“神谕”的LIS方法和数据驱动的LIS方法拒绝的零假设数量；设 V 和 $\hat{V}$ 分别为“神谕”的LIS方法和数据驱动的LIS方法错误拒绝的零假设数量。若**假设 4.1—4.5** 成立，则 $\hat{R}/R \rightarrow 1$ 和 $\hat{V}/V = 1$。

下一个定理（定理4.3）表明：数据驱动的LIS方法在渐近意义上能够达到“神谕”方法的性能水平。具体而言，随着零假设数量趋于无穷，数据驱动的LIS方法产生的FDR和FNR将逐渐逼近“神谕”方法的性能水平。

定理 4.3 考虑多重检验框架下的隐马尔可夫模型（4-1）—（4-4）。设 $\mathrm{FDR}_{\mathrm{OR}}$ 和 $\mathrm{FDR}_{\mathrm{DD}}$ 分别为“神谕”的LIS方法和数据驱动的LIS方法的FDR；设 $\mathrm{FNR}_{\mathrm{OR}}$ 和 $\mathrm{FNR}_{\mathrm{DD}}$ 分别为“神谕”的LIS方法和数据驱动的LIS方法的FNR。若**假设 4.1—4.5** 成立，则 $\mathrm{FDR}_{\mathrm{OR}} - \mathrm{FDR}_{\mathrm{DD}} \rightarrow 0$。若至少固定比例的零假设被拒绝，则 $\mathrm{FNR}_{\mathrm{OR}} - \mathrm{FNR}_{\mathrm{DD}} \rightarrow 0$。

4.5 本章小结

本章基于Sun和Cai（2009）的研究，探讨了相依多重检验问题的背景及其在统计学和数据科学中的重要性。随着大数据和高维数据分析的广泛应用，传统的独立性假设已不再适用，因此如何处理检验之间的相依性成为当前统计学研究的一个热点问题。本章重点介绍了在多重检验框架下基于HMM的大范围相依多重检验方法，并详细分析了该方法的理论性质。尽管LIS方法能够有效利用检验之间的局部相依性，从而提升多重检验的准确性和统计功效，但仍存在一些需要改进的空间。

首先，本章介绍的用于估计HMM参数的EM算法是一种启发式算法，具有较强的相依性，尤其是对初始值的选择。由于EM算法容易陷入局部最优解，当初始值选择不当时，可能导致参数估计的准确性显著下降，从而影响LIS方法的数值表现。因此，在实际应用中，合理地选择初始值至关重要。为了提高算法的稳健性，采用多次随机初始化、改进的初始化策略或其他增强方法（如变分推断）能够有效提高估计的精度和算法的稳定性。这些方法能够帮助EM算法在一定程度上克服局部最优问题，从而为LIS方法提供更可靠的参数估计。

其次，在实际应用中，一阶马尔可夫链模型由于其结构过于简单，往往无法准确捕捉和描述检验之间复杂的局部相依性。这种简单的相依性假设可能无法完全反映数据中潜在的相依结构，从而影响多重检验结果的准确性和有效性。为了更精确地描绘检验之间的局部相依结构，未来的研究可以考虑引入更复杂的概率图模型，如高阶马尔可夫链、半马尔可夫链或马尔可夫随机场等。这些模型能够更全面地捕捉和描述检验之间的相依结构，从而提升多重检验的准确性和检验功效。

最后，大范围的多重检验问题往往伴随着各种协变量效应的影响，而LIS方法目前未能充分考虑这些协变量效应。这一局限性可能导致检验结果的偏差，从而影响结论的可靠性和解释性。在实际应用中，协变量效应可能对检验结果产生重要影响，忽略这些效应可能导致错误的结论。因此，进一步研究和开发能够同时考虑检验之间的序列相依性和协变量效应的多重检验方法显得尤为重要。这类改进方法将有助于更准确地揭示潜在的相依关系和复杂的因果机制，从而提升多重检验方法在实际数据分析中的应用效果。

第5章

基于高阶隐马尔可夫模型的大范围多重检验方法

本章主要介绍一种基于高阶隐马尔可夫模型的大范围多重检验方法。通过利用高阶马尔可夫链来刻画检验之间的局部相依结构，该方法可显著提升大范围多重检验结果的准确性和可解释性。

5.1 引言

在实际数据分析中，检验之间通常呈现复杂的相依性。为了刻画检验之间的局部相依结构，Sun和Cai（2009）提出基于隐马尔可夫模型的大范围多重检验方法，并使用一阶马尔可夫链来描述检验之间的局部相依性。然而，在许多实际数据分析中，仅使用一阶马尔可夫链来描述检验之间的局部相依性可能过于粗略。例如，在GWAS中，由于相邻位点的基因在减数分裂过程中倾向于分离到同一个配子中，因此与复杂疾病或性状相关联的SNP常常聚集在一起而呈现出复杂的局部相依性。由于一阶马尔可夫链过于简单，因此无法准确地描述SNP之间复杂的局部相依性。为了更准确地刻画检验之间的局部相依结构，本章将介绍一种基于高阶隐马尔可夫模型的大范围多重检验方法。该方法利用高阶马尔可夫链来更精确地描述检验之间的局部相依结构，从而提高大范围多重检验的准确性和可信度。本章将给出基于高阶隐马尔可夫模型的多重检验统计量——高阶局部显著性指标（Higher Order Local Index of Significance，HOLIS），并给出其计算方法。然后，基于HOLIS统计量给出相应的多重检验方法，证明该方法可以将FDR控制在预设的显著性水平且具有一定的最优性。最后，本章将介绍数据驱动的HOLIS方法，并给出新方法在模拟研究和实际数据分析中的数值表现。

5.2　多重检验框架下的高阶隐马尔可夫模型

考虑同时检验 m 个零假设。设 $\{\theta_i\}_{i=1}^{m}$ 为未观测到的零假设状态序列，其中

$$\theta_i = \begin{cases} 0，如果第i个零假设为真， \\ 1，否则。 \end{cases}$$

设 $\{z_i\}_{i=1}^{m}$ 为观测序列，其中 z_i 或者是第 i 个零假设对应的 z 值（Wei 等，2009），或者是第 i 个零假设对应的检验统计量（Liu 等，2016）。

为了描述检验之间更复杂的局部相依结构，假设零假设的潜在状态序列 $\{\theta_i\}_{i=1}^{m}$ 服从一个高阶马尔可夫链。为了方便叙述，本节仅介绍多重检验框架下的二阶隐马尔可夫模型。事实上，将该模型推广到更高阶的隐马尔可夫模型是直接且简单的。考虑二阶马尔可夫链 $\{\theta_i\}_{i=1}^{m}$，其初始概率、一阶状态转移概率和二阶状态转移概率分别为：

$$\pi_p = Pr(\theta_1 = p),\ p = 0,\ 1, \tag{5-1}$$

$$a_{pq} = Pr(\theta_2 = q|\theta_1 = p),\ p,\ q = 0,\ 1, \tag{5-2}$$

和

$$b_{pqr} = Pr(\theta_{i+1} = r|\theta_{i-1} = p,\ \theta_i = q),\ p,\ q,\ r = 0,\ 1;$$
$$i = 1,\ \cdots,\ m-1。 \tag{5-3}$$

记 $\{Z_i\}_{i=1}^{m}$ 为观测序列 $\{z_i\}_{i=1}^{m}$ 对应的随机变量序列。假设 $\{Z_i\}_{i=1}^{m}$ 在给定 $\{\theta_i\}_{i=1}^{m}$ 的条件下相互独立，即

$$Pr(\{Z_i\}_{i=1}^{m}|\{\theta_i\}_{i=1}^{m}) = \prod_{i=1}^{m} Pr(Z_i|\theta_i)。 \tag{5-4}$$

根据 Efron（2001）的两成分混合模型，进一步假设

$$Z_i|\theta_i \sim (1-\theta_i)F_0 + \theta_i F_1, \tag{5-5}$$

其中 F_0 和 F_1 分别为零假设为真和不真的条件下观测的累积分布函数（Cumulative Distribution Function，CDF）。由式（5-1）—（5-5）确定的概率图模型即为多重检验框架下的二阶隐马尔可夫模型，其示意图见图5-1。

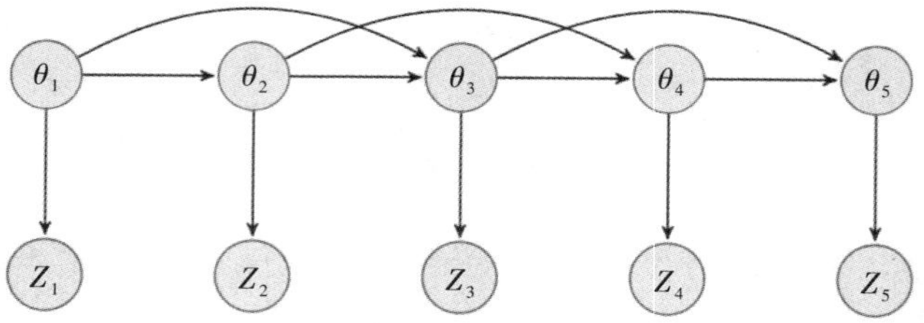

图5-1　二阶隐马尔可夫模型结构示意图

记 $\pi=(\pi_0, \pi_1)$ 为 $\{\theta_i\}_{i=1}^m$ 的初始概率；记 $A=(a_{pq})_{2\times 2}$ 为 $\{\theta_i\}_{i=1}^m$ 的一阶状态转移概率矩阵；记 $B=\{B_1, B_2\}$ 为 $\{\theta_i\}_{i=1}^m$ 的二阶状态转移概率矩阵的集合，其中 $B_1=(b_{pq0})_{2\times 2}$，$B_2=(b_{pq1})_{2\times 2}$；记 $F=(F_0, F_1)$ 为零假设成立和不成立时观测统计量的CDF；记 $\boldsymbol{v}=(A, B, F)$ 为二阶隐马尔可夫模型的模型参数。

5.3　“神谕”的HOLIS方法

在本节中，“神谕”指的是已知二阶隐马尔可夫模型的参数。本节主要介绍在已知二阶隐马尔可夫模型参数的情况下，基于二阶隐马尔可夫模型的大范围多重检验方法及其性质。

5.3.1　HOLIS统计量

基于二阶隐马尔可夫模型，定义高阶局部显著性指标（Higher

Order Local Index of Significance，HOLIS）统计量为

$$\text{HOLIS}_j = \Pr(\theta_j = 0 | \{z_i\}_{i=1}^{m}, \upsilon),\ j = 1, \cdots, m。$$

虽然HOLIS统计量和LIS统计量在形式上相同，但是两者有本质上的区别。两者的主要区别如下：

（1）HOLIS统计量和LIS统计量分别基于不同的概率图模型，HOLIS统计量可描述检验之间更复杂的局部相依性；

（2）HOLIS统计量和LIS统计量的计算方法不同。

利用前向-后向算法，可以高效地计算HOLIS统计量。具体而言，HOLIS统计量可以展开为：

$$\text{HOLIS}_1 = \sum_{q=0}^{1} \alpha_2(0, q)\beta_2(0, q) / \sum_{p=0}^{1}\sum_{q=0}^{1} \alpha_2(p, q)\beta_2(p, q)。$$

和

$$\text{HOLIS}_j = \frac{\sum_{p=0}^{1} \alpha_j(p, 0)\beta_j(p, 0)}{\sum_{p=0}^{1}\sum_{q=0}^{1} \alpha_j(p, q)\beta_2(p, q)},\ j = 2, 3, \cdots, m,$$

其中

$$\alpha_j(p, q) = Pr(\theta_{j-1} = p, \theta_j = q, \{z_i\}_{i=1}^{j} | \upsilon),$$

和

$$\beta_j(p, q) = Pr(\{z_i\}_{i=j+1}^{m} | \theta_{j-1} = p, \theta_j = q, \upsilon)$$

分别为前向变量和后向变量。通过一些推导，可得递推公式：

$$\alpha_{j+1}(p, q) = f_q(z_{j+1}) \sum_{r=0}^{1} \left\{ \alpha_j(r, q) b_{rpq} \right\},$$

和

$$\beta_j(p, q) = \sum_{r=0}^{1} \left\{ f_r(z_{j+1}) \beta_{j+1}(q, r) b_{pqr} \right\},$$

其中$\alpha_2(p, q) = \pi_p a_{pq} f_p(z_1) f_q(z_2)$，$\beta_m(p, q) = 1$，$p, q = 0, 1$并且$f_0$

和f_1分别为零假设成立或不成立时观测的概率密度函数（Probability Density Function，PDF）。

5.3.2 “神谕”的HOLIS方法及其性质

为了方便表示，分别简记$\{Z_i\}_{i=1}^m$和$\Pr(\theta_j=0|\{Z_i\}_{i=1}^m, \boldsymbol{v})$为$\mathbb{Z}$和$\mathrm{HOLIS}_j(\mathbb{Z})$。令$\delta(\mathrm{HOLIS}(\mathbb{Z}), \mathrm{c})=\left\{I(\mathrm{HOLIS}_j(\mathbb{Z})<\mathrm{c})\right\}_{j=1}^m$为基于HOLIS统计量的决策规则，其中$I(\cdot)$为示性函数，$c$为截断。

下一个定理表明（定理5.1）：存在一个截断c_α，使得

$$\mathrm{mFDR}(\delta(\mathrm{HOLIS}(\mathbb{Z}), \mathrm{c}_\alpha))=\alpha,$$

其中，$\mathrm{mFDR}(\delta(T, \mathrm{c}))$为决策规则$\delta(T, \mathrm{c})$对应的mFDR。

定理5.1 考虑多重检验框架下的高阶隐马尔可夫模型（5-1）—（5-5）。令$\delta(\mathrm{HOLIS}(\mathbb{Z}), \mathrm{c}_\alpha)$为基于HOLIS统计量的决策规则，则存在一个截断$c_\alpha$，使得

$$\mathrm{mFDR}(\delta(\mathrm{HOLIS}(\mathbb{Z}), \mathrm{c}_\alpha))=\alpha。$$

即

$$\frac{\mathrm{E}\left[\sum_{j=1}^m I(\mathrm{HOLIS}_j(\mathbb{Z})<c_\alpha)(1-\theta_j)\right]}{\mathrm{E}\left[\sum_{j=1}^m I(\mathrm{HOLIS}_j(\mathbb{Z})<c_\alpha)\right]}=\alpha。$$

下一个定理表明（定理5.2）：决策规则$\delta(\mathrm{HOLIS}(\mathbb{Z}), c_\alpha)$在mFDR水平为$\alpha$的条件下使得mFNR达到最小。

定理5.2 考虑多重检验框架下的高阶隐马尔可夫模型（5-1）—（5-5）。若决策规则$\delta(\mathrm{HOLIS}(\mathbb{Z}), c_\alpha)$满足$\mathrm{mFDR}(\delta(\mathrm{HOLIS}(\mathbb{Z}), c_\alpha))=\alpha$，则该决策规则在mFDR水平为$\alpha$的条件下使得mFNR达到最小。换而言之，对于任何满足$\mathrm{mFDR}(\delta(\mathrm{T}(\mathbb{Z}), c))\leqslant\alpha$的决策规则$\delta(\mathrm{T}(\mathbb{Z}), c)=\{I(\mathrm{T}_j(\mathbb{Z})<c)\}_{j=1}^m$，成立：

$$\frac{\mathrm{E}\left[\sum_{j=1}^{m}\left[1-I(\mathrm{HOLIS}_j(\mathbb{Z})<c_\alpha)\right]\theta_j\right]}{\mathrm{E}\left[\sum_{j=1}^{m}\left[1-I(\mathrm{HOLIS}_j(\mathbb{Z})<c_\alpha)\right]\right]}\leqslant\frac{\mathrm{E}\left[\sum_{j=1}^{m}\left[1-I(T_j(\mathbb{Z})<c)\right]\theta_j\right]}{\mathrm{E}\left[\sum_{j=1}^{m}\left[1-I(T_j(\mathbb{Z})<c)\right]\right]}。$$

在实际数据分析中，截断c_α通常是未知的。类似于Genovese和Wasserman（2004）、Newton等（2004）以及Sun和Cai（2007）的想法，下面介绍一种选择截断c^*的方法。基于该截断的决策规则$\delta(\mathrm{HOLIS}(\mathbb{Z}),\ c^*)$可以将FDR控制在水平$\alpha$以下。具体而言，记$\mathrm{HOLIS}_{(1)}$，…，$\mathrm{HOLIS}_{(m)}$为从小到大排序的HOLIS统计量，并且记$H_{(1)}$，…，$H_{(m)}$为相应的零假设。$c^*$可取区间$(\mathrm{HOLIS}_{(l)},\ \mathrm{HOLIS}_{(l+1)}]$中的任意值，其中$l$由下式确定

$$l=\max\left\{i:\frac{1}{i}\sum_{j=1}^{i}\mathrm{HOLIS}_{(j)}\leqslant\alpha\right\}。$$

事实上，决策规则$\delta(\mathrm{HOLIS}(\mathbb{Z}),\ c^*)$等价于多重检验方法

令$l=\max\left\{i:\frac{1}{i}\sum_{j=1}^{i}\mathrm{HOLIS}_{(j)}\leqslant\alpha\right\}$，则拒绝$H_{(j)}$，$j=1$，…，$l$。

上述多重检验方法即为“神谕”的HOLIS方法。下一定理（定理5.3）表明，“神谕”的HOLIS方法可将FDR控制在水平α以下。

定理5.3 考虑多重检验框架下的高阶隐马尔可夫模型（5-1）—（5-5）。“神谕”的HOLIS方法可将FDR控制在水平α以下。

5.4 理论推导

定理5.1的证明

证明：由于$\{Z_i\}_{i=1}^m$的PDF是连续的，因此$\mathrm{HOLIS}_j(\mathbb{Z})$的PDF和CDF均连续。又因为

$$\mathrm{mFDR}(\delta(\mathrm{HOLIS}(\mathbb{Z}),\ c)) = \frac{\sum_{j=1}^{m} Pr(\mathrm{HOLIS}_j(\mathbb{Z}) < \mathrm{c},\ \theta_j = 0|\boldsymbol{v})}{\sum_{j=1}^{m} Pr(\mathrm{HOLIS}_j(\mathbb{Z}) < \mathrm{c}|\boldsymbol{v})},$$

所以$\mathrm{mFDR}(\delta(\mathrm{HOLIS}(\mathbb{Z}),\ c))$关于$c$连续。

令 $\Lambda_j(\mathbb{Z}) = \mathrm{HOLIS}_j(\mathbb{Z})/(1 - \mathrm{HOLIS}_j(\mathbb{Z}))$，$j = 1, \cdots, m$。易得$\Lambda_j(\mathbb{Z})$满足Sun和Cai（2009）的MRC（Monotone Ratio Condition）条件。由Sun和Cai（2009）中的定理1得$\mathrm{mFDR}(\delta(\Lambda(\mathbb{Z}),\ c))$关于$c$严格单调增加。显然，$\delta(\mathrm{HOLIS}(\mathbb{Z}),\ c) = \delta(\Lambda(\mathbb{Z}),\ \varphi(c))$，其中$\varphi(c) = c/(1 - c)$。因此，$\mathrm{mFDR}(\delta(\mathrm{HOLIS}(\mathbb{Z}),\ c))$关于$c$严格单调增加。进一步，我们有，

$$\lim_{c \to 0} \mathrm{mFDR}(\delta(\mathrm{HOLIS}(\mathbb{Z}),\ c)) = 0,$$

和

$$\lim_{c \to 1} \mathrm{mFDR}(\delta(\mathrm{HOLIS}(\mathbb{Z}),\ c)) = 1。$$

因此，对任意的$0 < \alpha < 1$，集合$\{t:\ \mathrm{mFDR}(\delta(\mathrm{HOLIS}(\mathbb{Z}),\ t)) \leqslant \alpha\}$非空。令$c_\alpha = \sup\{t:\ \mathrm{mFDR}(\delta(\mathrm{HOLIS}(\mathbb{Z}),\ t)) \leqslant \alpha\}$，则有

$$\mathrm{mFDR}(\delta(\mathrm{HOLIS}(\mathbb{Z}),\ \mathrm{c}_\alpha)) = \alpha。$$

定理5.2的证明

证明：由$\mathrm{mFDR}(\delta(\Lambda(\mathbb{Z}),\ \varphi(\mathrm{c}_\alpha))) = \alpha$，得

$$\frac{\mathrm{E}\left[\sum_{j=1}^{m} I(\Lambda_j(\mathbb{Z}) < \varphi(c_\alpha))\mathrm{Pr}(\theta_j = 0|\mathbb{Z},\ \boldsymbol{v})\right]}{\mathrm{E}\left[\sum_{j=1}^{m} I(\Lambda_j(\mathbb{Z}) < \varphi(c_\alpha))(\mathrm{Pr}(\theta_j = 0|\mathbb{Z},\ \boldsymbol{v}) + \mathrm{Pr}(\theta_j = 1|\mathbb{Z},\ \boldsymbol{v}))\right]} = \alpha。$$

因此，成立

$$\sum_{j=1}^{m} \mathrm{E}\left\{I(\Lambda_j(\mathbb{Z}) < \varphi(c_\alpha))\left[Pr(\theta_j = 0|\mathbb{Z},\ \boldsymbol{v}) - \varphi(\alpha)Pr(\theta_j = 1|\mathbb{Z},\ \boldsymbol{v})\right]\right\} = 0。 \tag{5-6}$$

同理，由 $\mathrm{mFDR}(\delta(T(\mathbb{Z}),\ c)) \leqslant \alpha$，得

$$\sum_{j=1}^{m} \mathrm{E}\left\{ I(T_j(\mathbb{Z}) < c)\left[Pr(\theta_j = 0|\mathbb{Z},\ v) - \varphi(\alpha)Pr(\theta_j = 1|\mathbb{Z},\ v)\right]\right\} \leqslant 0。 \tag{5-7}$$

结合式（5-6）和（5-7），得

$$\sum_{j=1}^{m} \mathrm{E}\left\{\left[I(\Lambda_j(\mathbb{Z}) < \varphi(c_\alpha)) - I(T_j(\mathbb{Z}) < c)\right]\right.$$
$$\left.\left[\mathrm{Pr}(\theta_j = 0|\mathbb{Z},\ v) - \varphi(\alpha)\mathrm{Pr}(\theta_j = 1|\mathbb{Z},\ v)\right]\right\} \geqslant 0。 \tag{5-8}$$

由 $\Lambda_j(\mathbb{Z})$ 的定义，得

$$\sum_{j=1}^{m} \mathrm{E}\left\{\left[I(\Lambda_j(\mathbb{Z}) < \varphi(c_\alpha)) - I(T_j(\mathbb{Z}) < c)\right]\right.$$
$$\left.\left[Pr(\theta_j = 0|\mathbb{Z},\ v) - \varphi(c_\alpha)Pr(\theta_j = 1|\mathbb{Z},\ v)\right]\right\} \leqslant 0。 \tag{5-9}$$

结合式（5-8）和（5-9），得

$$(\varphi(\alpha)-\varphi(c_\alpha))\sum_{j=1}^{m} \mathrm{E}\left\{\left[I(\Lambda_j(\mathbb{Z})<\varphi(c_\alpha))-I(T_j(\mathbb{Z})<c)\right]Pr(\theta_j=1|\mathbb{Z},\ v)\right\}\leqslant 0。 \tag{5-10}$$

显然成立

$$\sum_{j=1}^{m} \mathrm{E}\left\{ I(\Lambda_j(\mathbb{Z})<\varphi(c_\alpha))\left[Pr(\theta_j=0|\mathbb{Z},\ v)-\varphi(c_\alpha)Pr(\theta_j=1|\mathbb{Z},\ v)\right]\right\}<0。 \tag{5-11}$$

结合式（5-6）和（5-11），得

$$\varphi(\alpha) = \frac{\sum_{j=1}^{m} \mathrm{E}\left\{ I(\Lambda_j(\mathbb{Z}) < \varphi(c_\alpha))Pr(\theta_j = 0|\mathbb{Z},\ v)\right\}}{\sum_{j=1}^{m} \mathrm{E}\left\{ I(\Lambda_j(\mathbb{Z}) < \varphi(c_\alpha))Pr(\theta_j = 1|\mathbb{Z},\ v)\right\}} < \varphi(c_\alpha)。 \tag{5-12}$$

结合式（5–10）和（5–12），得

$$\sum_{j=1}^{m}\mathrm{E}\left\{I(\Lambda_j(\mathbf{Z})<\varphi(c_\alpha))\Pr(\theta_j=1|\mathbf{Z},\ \upsilon)\right\}\geqslant$$

$$\sum_{j=1}^{m}\mathrm{E}\left\{I(T_j(\mathbf{Z})<c)\Pr(\theta_j=1|\mathbf{Z},\ \upsilon)\right\}。$$

因此，成立

$$\frac{1}{\sum_{j=1}^{m}\mathrm{E}\left\{\big(1-I(\Lambda_j(\mathbb{Z})<\varphi(c_\alpha))\big)\Pr(\theta_j=1|\mathbb{Z},\ \upsilon)\right\}}\geqslant$$
$$\frac{1}{\sum_{j=1}^{m}\mathrm{E}\left\{\big(1-I(T_j(\mathbb{Z})<c)\big)\Pr(\theta_j=1|\mathbb{Z},\ \upsilon)\right\}}。\tag{5-13}$$

由式（5–9），得

$$\sum_{j=1}^{m}\mathrm{E}\left\{\big(1-I(\Lambda_j(\mathbb{Z})<\varphi(c_\alpha))\big)\big[1-(1+\varphi(c_\alpha))\big]Pr(\theta_j=1|\mathbb{Z},\ \upsilon)\right\}$$
$$\geqslant\sum_{j=1}^{m}\mathrm{E}\left\{\big(1-I(T_j(\mathbb{Z})<c)\big)\big[1-(1+\varphi(c_\alpha))\big]Pr(\theta_j=1|\mathbb{Z},\ \upsilon)\right\}。\tag{5-14}$$

结合式（5–13）和（5–14），得

$$\frac{\sum_{j=1}^{m}\mathrm{E}\left\{\big(1-I(\Lambda_j(\mathbb{Z})<\varphi(c_\alpha))\big)\big[1-(1+\varphi(c_\alpha))\big]Pr(\theta_j=1|\mathbb{Z},\ \upsilon)\right\}}{\sum_{j=1}^{m}\mathrm{E}\left\{\big(1-I(\Lambda_j(\mathbb{Z})<\varphi(c_\alpha))\big)Pr(\theta_j=1|\mathbb{Z},\ \upsilon)\right\}}$$
$$\geqslant\frac{\sum_{j=1}^{m}\mathrm{E}\left\{\big(1-I(T_j(\mathbb{Z})<c)\big)\big[1-(1+\varphi(c_\alpha))\big]\Pr(\theta_j=1|\mathbb{Z},\ \upsilon)\right\}}{\sum_{j=1}^{m}\mathrm{E}\left\{\big(1-I(T_j(\mathbb{Z})<c)\big)\Pr(\theta_j=1|\mathbb{Z},\ \upsilon)\right\}}。$$

因此，成立

$$\frac{1-(1+\varphi(c_\alpha))\mathrm{mFNR}(\delta(\Lambda(\mathbb{Z}),\ \varphi(c_\alpha)))}{\mathrm{mFNR}(\delta(\Lambda(\mathbb{Z}),\ \varphi(c_\alpha)))} \geqslant$$

$$\frac{1-(1+\varphi(c_\alpha))\mathrm{mFNR}(\delta(T(\mathbb{Z}),\ c))}{\mathrm{mFNR}(\delta(T(\mathbb{Z}),\ c))}。$$

由于 $\frac{1-(1+\varphi(c_\alpha))x}{x}$ 关于 x 严格单调并且 $\delta(\mathrm{HOLIS}(\mathbb{Z}),\ c_\alpha)=\delta(\Lambda(\mathbb{Z}),\ \varphi(c_\alpha))$。

因此，成立

$\mathrm{mFNR}(\delta(\mathrm{HOLIS}(\mathbb{Z}),\ c_\alpha)) \leqslant \mathrm{mFNR}(\delta(T(\mathbb{Z}),\ c))$。

定理5.3的证明

证明："神谕"的HOLIS方法的FDR可展开为

$$\mathrm{FDR}_{\mathrm{HOLIS}} = \mathrm{E}\left\{\frac{\sum_{j=1}^{m} I(\mathrm{HOLIS}_j(\mathbf{Z}) < c^*)(1-\theta_j)}{\sum_{j=1}^{m} I(\mathrm{HOLIS}_j(\mathbf{Z}) < c^*)}\right\}$$

$$= \mathrm{E}\left\{\frac{\sum_{j=1}^{m} I(\mathrm{HOLIS}_j(\mathbf{Z}) < c^*)\mathrm{HOLIS}_j(\mathbf{Z})}{\sum_{j=1}^{m} I(\mathrm{HOLIS}_j(\mathbf{Z}) < c^*)}\right\}。$$

由 c^* 的选取方法得

$$\mathrm{FDR}_{\mathrm{HOLIS}} \leqslant \alpha \sum_{\{z_i\}_{i=1}^m} \Pr(\{Z_i\}_{i=1}^m = \{z_i\}_{i=1}^m) = \alpha。$$

5.5 数据驱动的HOLIS方法

在实际应用中，二阶隐马尔可夫模型的参数通常是未知的，需要对其进行估计。本节接下来介绍估计二阶隐马尔可夫模型参数的EM算法。不妨设 $F_0 \sim N(0,\ 1)$ 和 $F_1 \sim \sum_{l=1}^{L}\pi_{1l}N(\mu_l,\ \sigma_l^2)$，其中 $\sum_{l=1}^{L}\pi_{1l}=1$

并且L为混合成分的数量。EM算法的具体步骤如下：

将EM算法估计的二阶隐马尔可夫模型参数替换掉未知参数，可得数据驱动的HOLIS统计量$\hat{\mathrm{L}}_j$，$j=1$，…，m。记$\hat{\mathrm{L}}_{(1)}$，…，$\hat{\mathrm{L}}_{(m)}$为从小到大排序的数据驱动的HOLIS统计量，记$H_{(1)}$，…，$H_{(m)}$为相应的零假设。数据驱动的HOLIS方法为：

令$l=\max\left\{i:\frac{1}{i}\sum_{j=1}^{i}\hat{\mathrm{L}}S_{(j)}\leqslant\alpha\right\}$则拒绝$H_{(j)}$，$j=1$，…，$l$。

算法5-1：估计二阶隐马尔可夫模型参数的EM算法

输入： 观测序列 $\{z_i\}_{i=1}^m$.

输出： 二阶隐马尔可夫模型的参数。

步骤1：初始化 $\boldsymbol{\vartheta}^{(0)}=(\boldsymbol{\pi}^{(0)},\boldsymbol{\mathcal{A}}^{(0)},\boldsymbol{\mathcal{B}}^{(0)},\boldsymbol{\mathcal{F}}^{(0)})$.

步骤2（E步）：计算下列的变量。

(a) $\alpha_j^{(t)}(p,q)=\Pr(\theta_{j-1}=p,\theta_j=q,\{z_i\}_{i=1}^{j}\mid\boldsymbol{\vartheta}^{(t)})$;

(b) $\beta_j^{(t)}(p,q)=\Pr(\{z_i\}_{i=j+1}^{m}\mid\theta_j=p,\theta_j=q,\boldsymbol{\vartheta}^{(t)})$;

(c) $\xi_j^{(t)}(p,q,r)=\Pr(\theta_{j-1}=p,\theta_j=q,\theta_{j+1}=r\mid\{z_i\}_{i=1}^{m},\boldsymbol{\vartheta}^{(t)})$;

(d) $\zeta_j^{(t)}(p,q)=\Pr(\theta_{j-1}=p,\theta_j=q\mid\{z_i\}_{i=1}^{m},\boldsymbol{\vartheta}^{(t)})$;

(e) $\gamma_j^{(t)}(p)=\Pr(\theta_j=p\mid\{z_i\}_{i=1}^{m},\boldsymbol{\vartheta}^{(t)})$;

(f) $\omega_j^{(t)}(l)=\Pr(z_j\sim f_{1l}\mid\{z_i\}_{i=1}^{m},\boldsymbol{\vartheta}^{(t)})$.

步骤3（M步）：更新以下的参数：

(a) $\pi_p^{(t+1)}=\sum_{q=0}^{1}\sum_{r=0}^{1}\xi_2^{(t)}(p,q,r)$;

(b) $a_{pq}^{(t+1)}=\left\{\sum_{r=0}^{1}\xi_2^{(t)}(p,q,r)\right\}/\left\{\sum_{q=0}^{1}\sum_{r=0}^{1}\xi_2^{(t)}(p,q,r)\right\}$;

(c) $b_{pqr}^{(t+1)}=\left\{\sum_{j=2}^{m-1}\xi_j^{(t)}(p,q,r)\right\}/\left\{\sum_{j=2}^{m-1}\zeta_j^{(t)}(p,q)\right\}$;

(d) $\pi_{1l}^{(t+1)}=\left\{\sum_{j=1}^{m}\omega_j^{(t)}(l)\right\}/\left\{\sum_{j=1}^{m}\gamma_j^{(t)}(1)\right\}$;

(e) $\mu_{1l}^{(t+1)}=\left\{\sum_{j=1}^{m}\omega_j^{(t)}(l)z_j\right\}/\left\{\sum_{j=1}^{m}\omega_j^{(t)}(l)\right\}$;

(f) $\sigma_{1l}^{(t+1)}=\left\{\sum_{j=1}^{m}\omega_j^{(t)}(l)(z_j-\mu_{1l}^{(t+1)})^2\right\}/\left\{\sum_{j=1}^{m}\omega_j^{(t)}(l)\right\}$.

步骤4：依次迭代步骤2和步骤3。

5.6 模拟研究

本节将介绍一系列数值模拟试验以研究HOLIS方法的数值表现。具体而言，本节将“神谕”的和数据驱动的HOLIS方法（HOLIS.or和HOLIS.dd）与部分经典的大范围多重检验方法进行了比较，包括BH方法（Benjamini和Hochberg，1995）、Lfdr方法（Efron等，2001）和LIS方法（Sun和Cai，2009）。根据不同的模拟数据产生机制，模拟研究主要分为两部分。具体而言，第一部分（模拟研究一）和第二部分（模拟研究二）中的模拟数据分别产生于二阶隐马尔可夫模型和更真实的单倍型模拟数据。所有的模拟结果均基于100次重复，并且实现HOLIS方法的R包可下载于https：//github.com/wpf19890429/HOLIS。

5.6.1 模拟研究一

在本节中，模拟数据产生于二阶隐马尔可夫模型。具体而言，设零假设的潜在状态序列产生于二阶马尔可夫链，其初始概率分布、一阶状态转移概率和二阶状态转移概率分别为：

$$\pi=(0.5,\ 0.5),\ A=\begin{pmatrix}0.5 & 0.5\\ 0.5 & 0.5\end{pmatrix},$$

和

$$B_1=\begin{pmatrix}b_{000} & 0.5\\ 0.5 & 0.1\end{pmatrix},\ B_2=\begin{pmatrix}1-b_{000} & 0.5\\ 0.5 & 0.9\end{pmatrix}。$$

设观测序列产生于两成分混合模型（5-5），其中$F_0\sim N(0,\ 1)$并且$F_1\sim\lambda N(\mu_1,\ 1)+(1-\lambda)N(3,\ 1)$。设待检验的零假设数量为8 000。考虑如下参数设置情形：

参数设置1：固定$\lambda=1$，$b_{000}=0.9$，将μ_1在1.5到2.5的范围内

变化。

参数设置2：固定 $\lambda = 1$，$\mu_1 = 1.5$，将 b_{000} 在0.7到0.9的范围内变化。

参数设置3：固定 $\lambda = 0.5$，$b_{000} = 0.9$，将 μ_1 在1.0到2.0的范围内变化。

参数设置4：固定 $\lambda = 0.5$，$\mu_1 = 1.5$，将 b_{000} 在0.7到0.9的范围内变化。

参数设置5：固定 $\mu_1 = 1.5$，$b_{000} = 0.9$，将 λ 在0.3到0.7的范围内变化。

参数设置1—2和参数设置3—5的模拟结果分别见图5-2和图5-3。从图5-2的（a）和（c）中，我们可以观察到，“神谕”的HOLIS方法、数据驱动的HOLIS方法和Lfdr方法能够将FDR较好地控制在0.1附近，而BH方法有些保守。从图5-2的（a）和（c）中还可以看出，LIS方法在参数设置1—2的情形下是无效的。这说明LIS方法不能较好地描述检验之间的复杂序列相依性（如二阶马尔可夫相关性）。图5-2的（b）和（d）显示，数据驱动的HLIS方法与其“神谕”版本在FNR方面表现得非常接近。此外，LIS方法具有最小的FNR，其次是两个版本的HOLIS方法、Lfdr方法和BH方法。值得注意的是，LIS方法具有最小的FNR，这可能归因于其无效的FDR控制。还值得注意的是，较大的 μ_1 值对应于较强的信号。因此，μ_1 的增加导致所有方法的FNR的降低。可以明显看出，图5-3中的（a）—（f）展示的模拟结果与图5-2中的结果相似。这里不再重复详细说明。需要强调的是，由于较大的 λ 值导致了较高比例的弱信号，因此随着 λ 值的增加，所有方法的FNR随之增加。

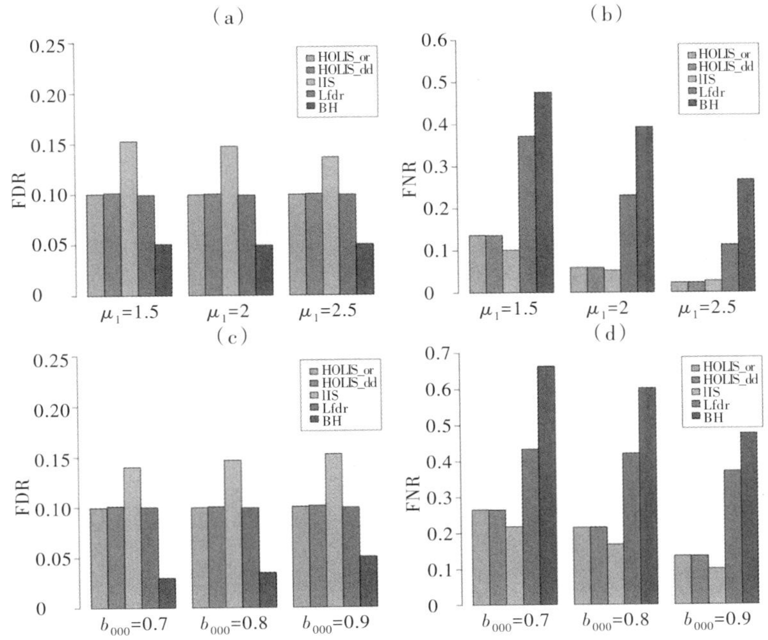

图 5-2　参数设置 1—2 下的模拟结果

5.6.2　模拟研究二

在本节中，我们评估HOLIS方法在更为真实地模拟数据上的数值表现。首先，随机选择来自HapMap3收集的JPT+CHB（日本东京的日本人和中国北京的汉族人）受试者中的340个单倍体型，以形成一个基因型池。不失一般性，从第7条染色体的一段区域（总共9 000个SNP）选出8个SNP作为与疾病或性状相关的SNP，其中，有4个SNP（第2 000个、第2 500个、第3 000个和第3 500个）彼此之间距离较远，而其余4个SNP（第7 000个、第7 050个、第7 100个和第7 150个）则相对靠近。设疾病或性状的状态为Y，该状态由如下逻辑回归模型产生：

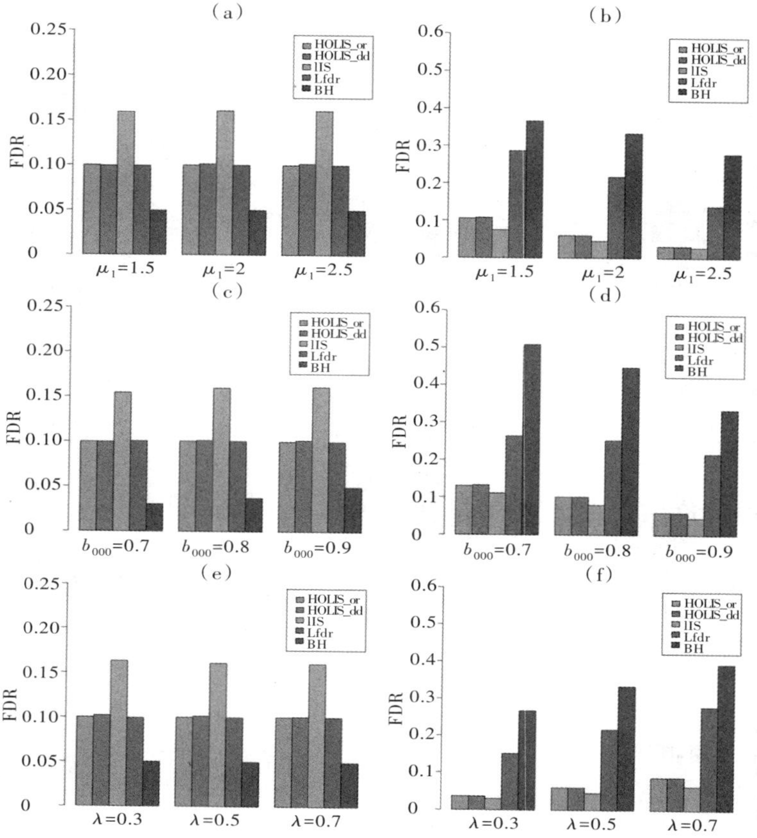

图 5-3　参数设置3—5下的模拟结果

$$\log\frac{Pr(Y=1|G)}{1-Pr(Y=1|G)}=\beta_0+\sum_{i=1}^{8}\beta_i G_i,$$

其中 $G=(G_1, G_2, \cdots, G_8)$ 并且 $G_i=0, 1, 2$ 为第 i 个 SNP 所对应的基因型。固定 $\beta_0=-5$ 和 $\beta_1=\beta_2=\cdots=\beta_8=\log(2)$ 通过比较不同前 k 个 SNP 中相关 SNP 的选择率来评估多重检验方法的数值性能，其中相关 SNP 被定义为与选出的 SNP 相邻的 5 个 SNP（位于每一侧）。模拟结果如图 5-4 所示。可以观察到，HOLIS 方法的相关 SNP 选择率始终高于其他方法。这表明 HOLIS 方法在排序效率方面表现更优。

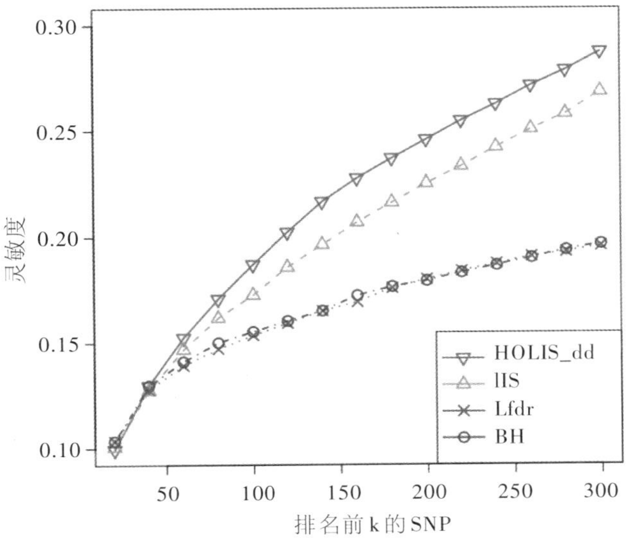

图5-4 不同方法的选择率曲线

5.7 实际数据分析

精神分裂症（SCZ）是一种具有重要公共卫生意义的慢性精神障碍。遗传变异在其病因中起着重要作用（Lichtenstein等，2006）。为了进一步说明HOLIS方法在实际应用中的有效性，我们将其应用于检测与SCZ相关联的SNP。用于此分析的数据由精神病基因组学联盟（PGC）收集。该数据包括来自瑞典样本的5 001例SCZ患者和6 243名对照组个体，以及来自PGC SCZ独立样本的8 832例SCZ患者和12 067名对照组个体的荟萃分析（Ripke等，2013）。为了方便分析，我们仅关注在第1条染色体的前15 000个SNP中检测与SCZ相关联的SNP。用于此分析的统计量可以表示为

$$z_i = \log(OR_i)/SE_i,$$

其中 OR_i 是第 i 个效应等位基因的优势比，SE_i 是 $\log(OR_i)$ 的标准误差。需要注意的是，在这个实际数据分析中，非零假设下混合成分的数量 L 是未知的。我们首先选择具有最小BIC值的 L。详细的BIC值列在表5-1中。由表5-1可知，HOLIS方法和LIS方法分别选择 $L = 3$ 和 $L = 2$。

表5-1　　不同L对应的BIC值

BIC	L=1	L=2	L=3
HOLIS	44 033.26	44 012.70	43 912.27
LIS	43 994.83	43 971.85	43 973.38

SCZ数据的分析结果如图5-5和图5-6所示。图5-5展示的结果是，不同FDR控制水平下各种方法识别出的SNP数量。结果表明，HOLIS方法在各个FDR水平下的发现数量均优于其他方法。相比之下，BH方法和Lfdr方法识别的SNP数量较少，这是因为这些方法未考虑检验之间的局部相依性。为了进一步展示HOLIS方法的优越性，我们采用维恩图展示了在FDR水平为0.05时，HOLIS方法及其比较方法检测到的显著SNP的重叠情况。图5-6展示的结果表明，HOLIS方法识别的大多数SNP也被其比较方法发现。该实际数据分析结果与之前的模拟结果一致，这表明：通过引入高阶马尔可夫链来刻画检验之间的相依性，HOLIS方法在功效上优于其他比较方法。

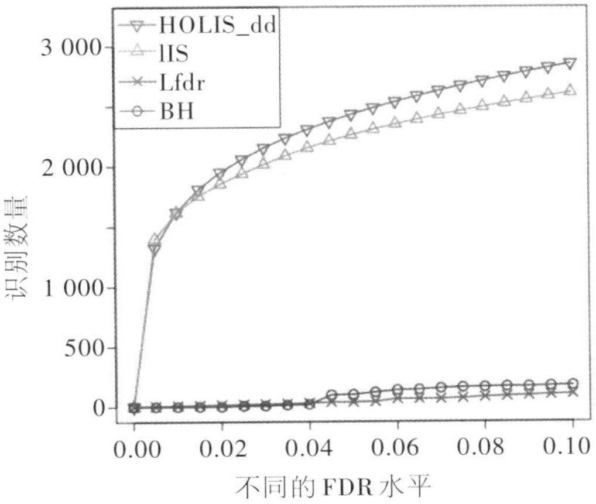

图 5-5　在不同 FDR 水平下识别的 SNP 数量

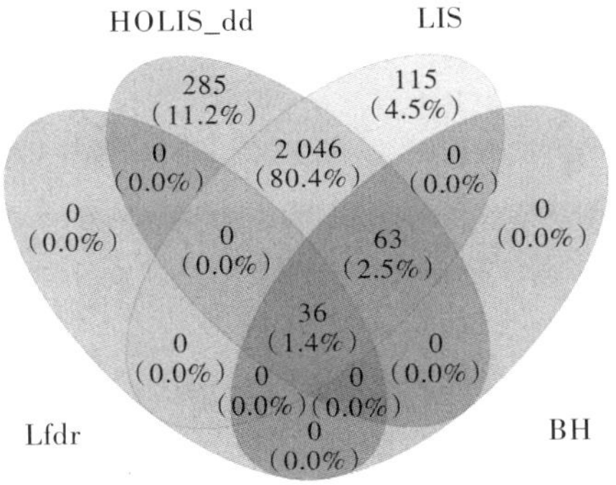

图 5-6　当 FDR 水平为 0.05 时各方法识别的 SNP 数量

5.8　本章小结

本章基于 Li 等（2024）的研究，系统地介绍了一种基于高阶隐马尔可夫模型的大范围多重检验方法，以应对复杂数据中检验之间的局部相依性问题。传统的 HMM 在许多实际应用中无法充分刻画相邻位点的复杂相依结构。本章通过引入高阶隐马尔可夫模型，显著提升了多重检验结果的准确性和可靠性。

首先，本章介绍了多重检验框架下的高阶隐马尔可夫模型，并详细阐述了其初始概率、一阶状态转移概率和二阶状态转移概率。同时，提出了HOLIS统计量。通过引入前向-后向算法，HOLIS统计量得以高效计算，从而增强了方法的可用性。

其次，本章详细讨论了在“神谕”条件下的HOLIS方法，包括其FDR控制能力和在固定FDR水平下最小化FNR的最优性。这些理论结果为HOLIS方法的有效性提供了坚实的理论支撑。此外，为应对实际应用中未知参数的情况，本章提出了基于EM算法的参数估计方法，并进一步提出了数据驱动的HOLIS方法。

最后，通过模拟研究和实际数据分析，本章验证了HOLIS方法的优越性。在模拟研究中，HOLIS方法在控制FDR和降低FNR方面均优于其他经典方法，如BH方法、LIS和Lfdr方法。在SCZ数据的实际分析中，HOLIS方法显著提高了与疾病相关SNP的检出率。

综上所述，本章提出的基于高阶隐马尔可夫模型的多重检验方法，通过对局部相依结构的精确建模，为大范围多重检验提供了一个有效的工具。这一方法在理论和实践中均表现出优越性，为复杂数据分析中的多重检验问题提供了新思路和解决方案。

第6章

基于隐半马尔可夫模型的大范围多重检验方法

本章主要介绍一种基于隐半马尔可夫模型的大范围多重检验方法。该方法不仅可以较好地刻画检验之间复杂的序列相依性，而且允许零假设状态的停留时间服从任何合理的分布。

6.1 引言

第6章指出，在许多实际数据分析中，仅使用一阶马尔可夫链来描述检验之间的局部相依性可能过于粗略。为了更好地刻画检验之间的局部相依性，第5章提出一种基于高阶隐马尔可夫模型的大范围多重检验方法。然而，当使用高阶马尔可夫链来刻画局部相依性时会带来一个新的问题，即模型参数的个数会随马尔可夫链阶数的增加而迅速增加。这将导致参数估计带来较大的计算负担。此外，LIS方法隐含地假设停留时间（连续停留在给定状态的状态数）服从几何分布。这使得真零假设状态最有可能的停留时间为1。然而在许多情况下，该假设并不合理。例如，在全基因组关联分析（GWAS）中，通常情况下只有极少数SNP与复杂疾病或性状相关联，即绝大多数零假设都是成立的。因此，更合理的假设是，真零假设状态最有可能的停留时间要大于1。

为了克服上述限制，本章介绍一种利用半马尔可夫过程来描述检验之间的局部相依性的大范围多重检验方法。该方法允许零假设状态的停留时间服从任何合理的分布，从而更准确地描述复杂的局部相依性。需要指出的是，直接使用半马尔可夫过程仍然会带来较高的计算成本。本章将介绍一种可以将半马尔可夫过程转换为一阶马尔可夫链的方法（Langrock和Zucchini，2011）。

6.2 多重检验框架下的隐半马尔可夫模型

考虑同时检验 m 个零假设 $\{H_i\}_{i=1}^{m}$，设 $\{\theta_i\}_{i=1}^{m}$ 为零假设的潜在状态序列，其中，

$$\theta_i = \begin{cases} 0, & \text{如果第i个零假设为真,} \\ 1, & \text{否则。} \end{cases}$$

设 $\{z_i\}_{i=1}^{m}$ 为 m 个零假设对应的观测，其中 z_i 或者是第 i 个零假设对应的 z 值（Wei等，2009），或者是第 i 个零假设对应的检验统计量（Liu等，2016）。

假设 $\{\theta_i\}_{i=1}^{m}$ 服从一个半马尔可夫过程。具体而言，令

$$\rho_j = sup\{k \geqslant 0: \theta_{j-k} = \theta_{j-k+1} = \cdots = \theta_j\},$$

则 $\{\theta_i\}_{i=1}^{m}$ 满足：

$$\Pr(\theta_{j+1} | \{\theta_i\}_{i=1}^{j}) = \Pr(\theta_{j+1} | \theta_j, \rho_j)。$$

换而言之，$\{\theta_i\}_{i=1}^{m}$ 可根据 θ_i 的值分成若干分块，每个分块中零假设的状态值均相等。令 ζ_k 和 r_k 分别为第 k 个分块中零假设的状态值和零假设状态个数。例如，如果零假设的潜在状态序列 $\{\theta_i\}_{i=1}^{20}$ 的观测为：

00100000110001110000,

那么 $\{\theta_i\}_{i=1}^{20}$ 可分成如下 7 个分块：

00|1|00000|11|000|111|0000,

其中 $\{\zeta_k\}_{k=1}^{7}=\{0, 1, 0, 1, 0, 1, 0\}$，$\{r_k\}_{k=1}^{7}=\{2, 1, 5, 2, 3, 3, r_7\}$ 并且 $r_7 \geqslant 4$。

令 T 为 $\{\theta_i\}_{i=1}^{m}$ 的分块个数。假设 $\{\zeta_k\}_{k=1}^{T}$ 服从初始分布为：

$$\pi_p = Pr(\zeta_1 = p),\ p = 0,\ 1, \tag{6-1}$$

并且状态转移矩阵为：

$$\begin{pmatrix} 0 & 1 \\ 1 & 0 \end{pmatrix} \tag{6-2}$$

的一阶马尔可夫链。由状态转移概率可知，任何连续的两个状态ζ_k，ζ_{k+1}的值均不相等。令d_0和d_1分别为状态$\zeta_k = 0$和$\zeta_k = 1$对应的停留时间分布，其中d_i对应的概率质量函数（Probability Mass Function，PMF）为：

r	1	2	3	…
$P(r)$	$d_i(1)$	$d_i(2)$	$d_i(3)$	…

因此，零假设的潜在状态序列$\{\theta_i\}_{i=1}^m$可看作由一阶马尔可夫链$\{\zeta_k\}_{k=1}^T$与停留时间分布d_0和d_1生成的一个半马尔可夫过程。特别地，如果d_0和d_1均为几何分布，则半马尔可夫过程$\{\theta_i\}_{i=1}^m$退化为一阶马尔可夫链。进一步，假设观测在给定零假设状态的条件下相互独立，即

$$Pr(\{z_i\}_{i=1}^m | \{\theta_i\}_{i=1}^m) = \prod_{i=1}^m Pr(z_i|\theta_i)。 \tag{6-3}$$

根据Efron（2001）的两成分混合模型，假设观测z_i对应的随机变量Z_i满足条件：

$$Z_i|\theta_i \sim (1-\theta_i)F_0 + \theta_i F_1, \tag{6-4}$$

其中F_0和F_1分别为Z_i在给定$\theta_i = 0$和$\theta_i = 1$条件下的累积分布函数（Cumulative Distribution Function，CDF）。

为了记号简便，记$\boldsymbol{\pi} = (\pi_0,\ \pi_1)$为隐半马尔可夫模型的初始概率分布，记$\boldsymbol{d} = (d_0,\ d_1)$为停留时间分布，记$\boldsymbol{F} = (F_0,\ F_1)$为条件累积分布函数，并且记$\boldsymbol{v} = (\boldsymbol{\pi},\ \boldsymbol{d},\ \boldsymbol{F})$为隐半马尔可夫模型的参数。

由式（6-1）—（6-4）所确定的概率图模型即为多重检验框架下的隐半马尔可夫模型（Hidden Semi Markov Model，HSMM）。该模型的示意图如图6-1所示。

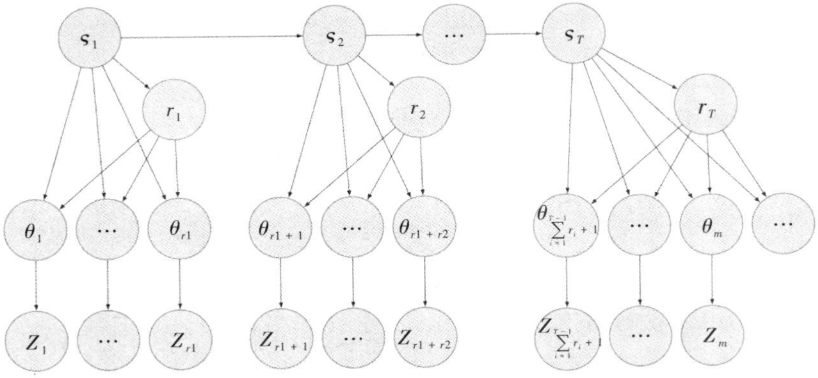

图6-1　隐半马尔可夫模型的示意图

6.3　“神谕”的SMLIS方法

在本节中，“神谕（Oracle）”指的是已知隐半马尔可夫模型的参数。本节主要介绍在已知隐半马尔可夫模型参数的情况下，基于隐半马尔可夫模型的大范围多重检验方法的定义和性质。

6.3.1　SMLIS统计量

受Sun和Cai（2009）的基础性工作的启发，定义第k个零假设对应的半马尔可夫局部显著性指标（Semi Markov Local Index of Significance，SMLIS）为

$$\mathrm{SMLIS}_k = Pr(\theta_k = 0|\mathbb{Z},\ v),$$

其中$\mathbb{Z} = \{Z_i\}_{i=1}^m$表示$\{z_i\}_{i=1}^m$对应的随机变量序列。特别地，如果$d_0$和

d_1均为几何分布，那么SMLIS统计量将退化为LIS统计量。因此，SMLIS统计量可看作更一般的LIS统计量。

6.3.2 “神谕”的SMLIS方法及其性质

令$\delta(\text{SMLIS}(\mathbb{Z}),\ c) = \{\delta_i\}_{i=1}^{m}$为基于SMLIS统计量的决策规则，其中$\delta_i = I(\text{SMLIS}_i(\mathbb{Z}) < c)$，$I(\cdot)$为示性函数，并且

$$\delta_i = \begin{cases} 0，\text{如果第i个零假设没有被}\delta(\text{SMLIS}(\mathbb{Z}),\ c)\text{拒绝}， \\ 1，\text{否则。} \end{cases}$$

下一个定理（定理6.1）表明，存在一个截断c_α，使得

$$\text{mFDR}(\delta(\text{SMLIS}(\mathbb{Z}),\ c_\alpha)) = \alpha,$$

其中$\text{mFDR}(\delta(\text{SMLIS}(\mathbb{Z}),\ c_\alpha))$为决策规则$\delta(\text{SMLIS}(\mathbb{Z}),\ c_\alpha)$的mFDR。

Genovese和Wasserman（2002）指出mFDR和FDR在一定的条件下成立

$$\text{mFDR} = \text{FDR} + O(1/\sqrt{m})。$$

因此，当检验的零假设数量充分大时，只需探索和开发使得mFDR控制在预设水平的多重检验方法。

定理6.1 考虑多重检验框架下的隐半马尔可夫模型。令$\delta(\text{SMLIS}(\mathbb{Z}),\ c)$为基于SMLIS统计量的决策规则，那么存在截断$c_\alpha$，使得

$$\text{mFDR}(\delta(\text{SMLIS}(\mathbb{Z}),\ c_\alpha)) = \alpha。$$

即

$$\frac{\mathrm{E}\left[\sum_{j=1}^{m} I(\text{SMLIS}_j(\mathbb{Z}) < c_\alpha)(1-\theta_j)\right]}{\mathrm{E}\left[\sum_{j=1}^{m} I(\text{SMLIS}_j(\mathbb{Z}) < c_\alpha)\right]} = \alpha。$$

下一个定理（定理6.2）表明：决策规则$\delta(\mathrm{SMLIS}(\mathbb{Z}), c_\alpha)$在所有将mFDR控制在$\alpha$水平的决策准则中是最优的。

定理6.2 考虑多重检验框架下的隐半马尔可夫模型。如果存在一个截断c_α，使得

$\mathrm{mFDR}(\delta(\mathrm{SMLIS}(\mathbb{Z}), c_\alpha)) = \alpha$成立，那么$\delta(\mathrm{SMLIS}(\mathbb{Z}), c_\alpha)$使得mFNR达到最小。换而言之，对所有满足

$\mathrm{mFDR}(\delta(T, c)) \leqslant \alpha$

的决策规则$\delta(T, c) = \{I(T_1 < c), I(T_2 < c), \cdots, I(T_m < c)\}$，我们有

$$\frac{\mathrm{E}\left[\sum_{j=1}^{m}\left[1 - I(\mathrm{SMLIS}_j(\mathbb{Z}) < c_\alpha)\right]\theta_j\right]}{\mathrm{E}\left[\sum_{j=1}^{m}\left[1 - I(\mathrm{SMLIS}_j(\mathbb{Z}) < c_\alpha)\right]\right]} \leqslant \frac{\mathrm{E}\left[\sum_{j=1}^{m}\left[1 - I(T_j < c)\right]\theta_j\right]}{\mathrm{E}\left[\sum_{j=1}^{m}\left[1 - I(T_j < c)\right]\right]}。$$

类似于LIS方法，记$\mathrm{SMLIS}_{(1)}, \cdots, \mathrm{SMLIS}_{(m)}$为从小到大排序的SMLIS统计量，并且记$H_{(1)}, \cdots, H_{(m)}$为与之对应的零假设。“神谕”的SMLIS方法的执行过程如下：

令$l = \max\left\{i: \frac{1}{i}\sum_{j=1}^{i}\mathrm{SMLIS}_{(j)} \leqslant \alpha\right\}$，则拒绝$H_{(j)}$，$j = 1, \cdots, l$。

从本质上看，“神谕”的SMLIS方法即为决策规则$\delta(\mathrm{SMLIS}(\mathbb{Z}), c^*)$，其中$c^*$满足：$\mathrm{SMLIS}_{(l)} < c^* \leqslant \mathrm{SMLIS}_{(l+1)}$。下一个定理（定理6.3）表明：“神谕”的SMLIS方法可以将FDR控制在预设的显著性水平α以下。

定理6.3 考虑多重检验框架下的隐半马尔可夫模型，“神谕”的SMLIS方法可以将FDR控制在水平α以下。

6.3.3 近似 HSMM 的 HMM

值得注意的是，直接基于隐半马尔可夫模型计算 SMLIS 统计量会带来相当大的计算成本。为了克服这个困难，本节介绍如何构建隐马尔可夫模型以近似具有任意停留时间分布的隐半马尔可夫模型。基于新构建的隐马尔可夫模型，SMLIS 统计量的计算成本可大幅降低。

不失一般性，考虑停留时间分布 d_i，其概率质量函数为：

r	1	2	…	m_i	…
$P(r)$	$d_i(1)$	$d_i(2)$	…	$d_i(m_i)$	…

考虑一个由隐状态序列 $\{\theta_i^*\}_{i=1}^m$ 和观测序列 $\{z_i\}_{i=1}^m$ 组成的隐马尔可夫模型，其隐状态集合为 $\{1, 2, \cdots, m_0+m_1\}$。记 $S_0=\{1, 2, \cdots, m_0\}$ 和 $S_1=\{m_0+1, m_0+2, \cdots, m_0+m_1\}$ 分别为“零假设成立”和“零假设不成立”对应的聚合集合。假设在同一聚合集合中隐状态对应的观测同分布，即

$$Z_i|\theta_i^* \sim I(\theta_i^* \in S_0)F_0 + I(\theta_i^* \in S_1)F_1。$$

根据 Langrock 和 Zucchini（2011）的基础工作，设初始概率 $\Pr(\theta_1^*=1)$ 和 $\Pr(\theta_1^*=m_0+1)$ 分别为 π_0 和 π_1，并且设置 $\{\theta_i^*\}_{i=1}^m$ 的转移概率为

$$A=\begin{pmatrix} A_{00} & A_{01} \\ A_{10} & A_{11} \end{pmatrix},$$

其中

$$A_{ii}=\begin{pmatrix} 0 & 1-h_i(1) & 0 & \cdots & 0 \\ \vdots & 0 & \ddots & & \cdots \\ & \vdots & & & 0 \\ 0 & 0 & \cdots & 0 & 1-h_i(m_i-1) \\ 0 & 0 & \cdots & 0 & 1-h_i(m_i) \end{pmatrix}$$

$$A_{ij}=\begin{pmatrix} h_i(1) & 0 & \cdots & 0 \\ h_i(2) & 0 & \cdots & 0 \\ \vdots & \vdots & & \vdots \\ h_i(m_i) & 0 & \cdots & 0 \end{pmatrix},$$

和

$$h_i(r)=d_i(r)/(1-\sum\nolimits_{k=1}^{r-1}d_i(k))。$$

记$d_i^*(k)$，$k=1，2，\cdots$为聚合状态集合S_i停留时间分布的概率质量函数。Langrock 和 Zucchini（2011）指出：对所有$k=1，2，\cdots，m_i$，成立

$$d_i(k)=d_i^*(k)。$$

因此，只要m_i充分大，上述构造的HMM可以精确近似具有任何停留分布的隐半马尔可夫模型。特别地，如果停留时间分布d_i为几何分布，那么只需取$m_i=1$即可精确近似隐半马尔可夫模型。不失一般性，本章讨论的隐半马尔可夫模型的d_1和d_0分别为几何分布和支撑集为正整数集的任何分布。在此情形下，m_1被固定为1而HMM近似的精确度由m_0决定。

6.3.4 前向-后向算法

本节基于上一节构建的HMM，介绍计算SMLIS统计量的前向-后向算法。

记$\boldsymbol{v}=(\boldsymbol{\pi},A,F)$为上一节介绍的HMM的参数，其中$\boldsymbol{\pi}=(\pi_0,\pi_1)$并且$F=(F_0,F_1)$。

“神谕”的$SMLIS_k$统计量可近似为：

$$Pr(\theta_k^*\in S_0|\{z_i\}_{i=1}^m,\boldsymbol{v})=\left\{\sum_{p=1}^{m_0}\alpha_k(p)\beta_k(p)\right\}\Big/\left\{\sum_{p=1}^{m_0+m_1}\alpha_k(p)\beta_k(p)\right\},$$

其中$\alpha_k(p)=\Pr(\theta_k^*=p,\{z_i\}_{i=1}^k|\boldsymbol{v})$和$\beta_k(p)=\Pr(\{z_i\}_{i=k+1}^m|\theta_k^*=p,\boldsymbol{v})$分

别为前向变量和后向变量。进一步，前向变量的递归计算公式如下：

（a）对于$p = 1$，

$$\alpha_{k+1}(p) = \sum_{q \in S_1} f_0(z_{k+1})\alpha_k(q)h_1(q - m_0),$$

（b）对于$p = 2, \cdots, m_0 - 1$和$p = m_0 + 2, \cdots, m_0 + m_1 - 1$，

$$\alpha_{k+1}(p) = \left[f_0(z_{k+1})(1 - h_0(p-1))\right]^{I(p \in S_0)}\left[f_1(z_{k+1})(1 - h_1(p - 1))\right]^{I(p \in S_1)}\alpha_k(p-1),$$

（c）对于$p = m_0$和$p = m_0 + m_1$，

$$\alpha_{k+1}(p) = \sum_{q=p-1}^{p}\left[f_0(z_{k+1})(1 - h_0(q))\right]^{I(p \in S_0)}\left[f_1(z_{k+1})(1 - h_1(q - m_0))\right]^{I(p \in S_1)}\alpha_k(q),$$

（d）对于$p = m_0 + 1$，

$$\alpha_{k+1}(p) = \sum_{q \in S_0} f_1(z_{k+1})\alpha_k(q)h_0(q)。$$

其中f_0和f_1分别为F_0和F_1对应的概率密度函数。类似地，后向变量的递归计算公式如下：

（a）对于$p = 1, \cdots, m_0 - 1$，

$$\beta_k(p) = f_0(z_{k+1})\beta_{k+1}(p+1)(1 - h_0(p)) + f_1(z_{k+1})\beta_{k+1}(m_0 + 1)h_0(p),$$

（b）对于$p = m_0$，

$$\beta_k(p) = f_0(z_{k+1})\beta_{k+1}(p)(1 - h_0(p)) + f_1(z_{k+1})\beta_{k+1}(m_0 + 1)h_0(p),$$

（c）对于$p = m_0 + 1, \cdots, m_0 + m_1 - 1$，

$$\beta_k(p) = f_0(z_{k+1})\beta_{k+1}(1)h_1(p - m_0) + f_1(z_{k+1})\beta_{k+1}(p+1)(1 - h_1(p - m_0)),$$

（d）对于$p = m_0 + m_1$，

$$\beta_k(p) = f_0(z_{k+1})\beta_{k+1}(1)h_1(m_1) + f_1(z_{k+1})\beta_{k+1}(p)(1 - h_1(m_1))。$$

6.3.5 理论推导

定理 6.1 的证明

证明：注意到 $\Lambda_k(\mathbb{Z}) = \mathrm{SMLIS}_k(\mathbb{Z})/(1-\mathrm{SMLIS}_k(\mathbb{Z}))$ 满足 Sun 和 Cai（2009）中的 MRC 条件（Monotone Ratio Condition），并且 $\Lambda_k(\mathbb{Z})$ 关于 $\mathrm{SMLIS}_k(\mathbb{Z})$ 严格单调增加。由 Sun 和 Cai（2009）中定理 1 得，$\mathrm{mFDR}(\delta(\Lambda(\mathbb{Z}), c))$ 关于 c 严格单调增加。由于 $\{Z_i\}_{i=1}^m$ 的 PDF 连续，因此 $\mathrm{SMLIS}_k(\mathbb{Z})$ 的 PDF 和 CDF 均连续。因为

$$\mathrm{mFDR}(\delta(\mathrm{SMLIS}(\mathbb{Z}), c)) = \frac{\sum_{j=1}^{m} Pr(\mathrm{SMLIS}_j(\mathbb{Z}) < \mathrm{c},\ \theta_j = 0|\boldsymbol{v})}{\sum_{j=1}^{m} Pr(\mathrm{SMLIS}_j(\mathbb{Z}) < \mathrm{c}|\boldsymbol{v})},$$

所以 $\mathrm{mFDR}(\delta(\mathrm{SMLIS}(\mathbb{Z}), c))$ 关于 c 连续。又注意到

$$\lim_{c \to 0} \mathrm{mFDR}(\delta(\mathrm{SMLIS}(\mathbb{Z}), c)) = 0,$$

和

$$\lim_{c \to 1} \mathrm{mFDR}(\delta(\mathrm{SMLIS}(\mathbf{Z}), c)) = 1。$$

因此，对任意的 $0 < \alpha < 1$，集合 $\{t: \mathrm{mFDR}(\delta(\mathrm{SMLIS}(\mathbb{Z}), t)) \leqslant \alpha\}$ 均非空。令 $c_\alpha = \sup\{t: \mathrm{mFDR}(\delta(\mathrm{SMLIS}(\mathbb{Z}), t)) \leqslant \alpha\}$，则有

$$\mathrm{mFDR}(\delta(\mathrm{SMLIS}(\mathbb{Z}), \mathrm{c}_\alpha)) = \alpha。$$

定理 6.2 的证明

证明：令 $\Lambda_k(\mathbb{Z}) = \Pr(\theta_k = 0|\mathbb{Z}, \boldsymbol{v})/\Pr(\theta_k = 1|\mathbb{Z}, \boldsymbol{v})$。因为

$$\Lambda_k(\mathbb{Z}) = \mathrm{SMLIS}_k(\mathbb{Z})/(1-\mathrm{SMLIS}_k(\mathbb{Z})),$$

所以 $\Lambda_k(\mathbb{Z})$ 关于 $\mathrm{SMLIS}_k(\mathbb{Z})$ 严格单调增加，并且 $\delta(\mathrm{SMLIS}(\mathbb{Z}), c_\alpha)$ 可被表示为

$$\delta(\mathrm{SMLIS}(\mathbb{Z}), c_\alpha) = \{I(\Lambda_1(\mathbb{Z}) < c_\alpha^*), \cdots, I(\Lambda_m(\mathbb{Z}) < c_\alpha^*)\},$$

其中 $c_\alpha^* = c_\alpha/(1-c_\alpha)$。由 $\Lambda_k(\mathbb{Z})$ 的定义得

$$\sum_{j=1}^{m}\mathrm{E}\Big\{\big[I(\Lambda_j(\mathbf{Z})<c_\alpha^*)-I(T_j(\mathbf{Z})<c)\big]$$
$$\big[Pr(\theta_j=0|\mathbf{Z},\ \upsilon)-c_\alpha^* Pr(\theta_j=1|\mathbf{Z},\ \upsilon)\big]\Big\}\leqslant 0。\tag{6-5}$$

因此，

$$\sum_{j=1}^{m}\mathrm{E}\Big\{\big(1-I(\Lambda_j(\mathbf{Z})<c_\alpha^*)\big)\big[1-(1+c_\alpha^*)\big]Pr(\theta_j=1|\mathbf{Z},\ \upsilon)\Big\}$$
$$\geqslant \sum_{j=1}^{m}\mathrm{E}\Big\{\big(1-I(T_j(\mathbf{Z})<c)\big)\big[1-(1+c_\alpha^*)\big]Pr(\theta_j=1|\mathbf{Z},\ \upsilon)\Big\}。\tag{6-6}$$

由 $\mathrm{mFDR}(\delta(\Lambda(\mathbb{Z}),\ c_\alpha^*))=\alpha$ 得

$$\frac{\mathrm{E}\left[\sum_{j=1}^{m}I(\Lambda_j(\mathbb{Z})<\varphi(c_\alpha))\mathrm{Pr}(\theta_j=0|\mathbb{Z},\ \upsilon)\right]}{\mathrm{E}\left[\sum_{j=1}^{m}I(\Lambda_j(\mathbb{Z})<c_\alpha^*)(\mathrm{Pr}(\theta_j=0|\mathbb{Z},\ \upsilon)+\mathrm{Pr}(\theta_j=1|\mathbb{Z},\ \upsilon))\right]}=\alpha。$$

因此，

$$\sum_{j=1}^{m}\mathrm{E}\left\{I(\Lambda_j(\mathbb{Z})<\varphi(c_\alpha))\left[Pr(\theta_j=0|\mathbb{Z},\ \upsilon)-\frac{\alpha}{1-\alpha}Pr(\theta_j=1|\mathbb{Z},\ \upsilon)\right]\right\}=0。\tag{6-7}$$

类似地，由 $\mathrm{mFDR}(\delta(T(\mathbb{Z}),\ c))\leqslant\alpha$ 得

$$\sum_{j=1}^{m}\mathrm{E}\left\{I(T_j(\mathbb{Z})<c)\left[Pr(\theta_j=0|\mathbb{Z},\ \upsilon)-\frac{\alpha}{1-\alpha}Pr(\theta_j=1|\mathbb{Z},\ \upsilon)\right]\right\}\leqslant 0。\tag{6-8}$$

结合式（6-7）和（6-8）得

$$\sum_{j=1}^{m}\mathrm{E}\Big\{\big[I(\Lambda_j(\mathbb{Z})<c_\alpha^*)-I(T_j(\mathbb{Z})<c)\big]$$
$$\left[\mathrm{Pr}(\theta_j=0|\mathbb{Z},\ \upsilon)-\frac{\alpha}{1-\alpha}\mathrm{Pr}(\theta_j=1|\mathbb{Z},\ \upsilon)\right]\Big\}\geqslant 0。\tag{6-9}$$

结合式（6-5）和（6-9）得

$$\left(\frac{\alpha}{1-\alpha}-c_{\alpha}^{*}\right)\sum_{j=1}^{m}\mathrm{E}\left\{\left[I(\Lambda_j(\mathbb{Z})<c_{\alpha}^{*})-I(T_j(\mathbb{Z})<c)\right]Pr(\theta_j=1|\mathbb{Z},\ \upsilon)\right\}\leqslant 0。$$

（6–10）

又因为

$$\sum_{j=1}^{m}\mathrm{E}\left\{I(\Lambda_j(\mathbb{Z})<c_{\alpha}^{*})\left[\Pr(\theta_j=0|\mathbb{Z},\ \upsilon)-c_{\alpha}^{*}\Pr(\theta_j=1|\mathbb{Z},\ \upsilon)\right]\right\}<0。$$

上式结合式（6–7）得

$$\frac{\alpha}{1-\alpha}=\frac{\sum_{j=1}^{m}\mathrm{E}\left\{I(\Lambda_j(\mathbb{Z})<\varphi(c_{\alpha}))\Pr(\theta_j=0|\mathbb{Z},\ \upsilon)\right\}}{\sum_{j=1}^{m}\mathrm{E}\left\{I(\Lambda_j(\mathbb{Z})<\varphi(c_{\alpha}))\Pr(\theta_j=1|\mathbb{Z},\ \upsilon)\right\}}<c_{\alpha}^{*}。$$

因此，式（6–10）意味着

$$\sum_{j=1}^{m}\mathrm{E}\left\{I(\Lambda_j(\mathbb{Z})<c_{\alpha}^{*})\Pr(\theta_j=1|\mathbb{Z},\ \upsilon)\right\}\geqslant$$

$$\sum_{j=1}^{m}\mathrm{E}\left\{I(T_j(\mathbb{Z})<c)\Pr(\theta_j=1|\mathbb{Z},\ \upsilon)\right\}。$$

由此得

$$\frac{1}{\sum_{j=1}^{m}\mathrm{E}\left\{\left(1-I(\Lambda_j(\mathbf{Z})<c_{\alpha}^{*})\right)Pr(\theta_j=1|\mathbf{Z},\ \upsilon)\right\}}\geqslant$$

$$\frac{1}{\sum_{j=1}^{m}\mathrm{E}\left\{\left(1-I(T_j(\mathbf{Z})<c)\right)Pr(\theta_j=1|\mathbf{Z},\ \upsilon)\right\}}。\tag{6–11}$$

结合式（6–6）和（6–11）得

$$\frac{\sum_{j=1}^{m}\mathrm{E}\left\{\left(1-I(\Lambda_j(\mathbf{Z})<c_{\alpha}^{*})\right)\left[1-(1+c_{\alpha}^{*})\right]Pr(\theta_j=1|\mathbf{Z},\ \upsilon)\right\}}{\sum_{j=1}^{m}\mathrm{E}\left\{\left(1-I(\Lambda_j(\mathbf{Z})<c_{\alpha}^{*})\right)Pr(\theta_j=1|\mathbf{Z},\ \upsilon)\right\}}\geqslant$$

$$\frac{\sum_{j=1}^{m}\mathrm{E}\left\{\left(1-I(T_j(\mathbf{Z})<c)\right)\left[1-(1+c_{\alpha}^{*})\right]\Pr(\theta_j=1|\mathbf{Z},\ \upsilon)\right\}}{\sum_{j=1}^{m}\mathrm{E}\left\{\left(1-I(T_j(\mathbf{Z})<c)\right)\Pr(\theta_j=1|\mathbf{Z},\ \upsilon)\right\}}。$$

因此

$$\frac{1-(1+c_{\alpha}^{*})\mathrm{mFNR}(\delta(\mathrm{SMLIS}(\mathbf{Z}),\ c_{\alpha}))}{\mathrm{mFNR}(\delta(\mathrm{SMLIS}(\mathbf{Z}),\ \varphi(c_{\alpha})))} \geqslant \frac{1-(1+c_{\alpha}^{*})\mathrm{mFNR}(\delta(T(\mathbf{Z}),\ c))}{\mathrm{mFNR}(\delta(T(\mathbf{Z}),\ c))}。$$

又因为$\frac{1-(1+c_{\alpha}^{*})x}{x}$关于$x$严格单调减少，所以

$\mathrm{mFNR}(\delta(\mathrm{SMLIS}(\mathbb{Z}),\ c_{\alpha})) \leqslant \mathrm{mFNR}(\delta(T(\mathbb{Z}),\ c))$。

定理6.3的证明

证明："神谕"的 SMLIS 方法的 FDR 可展开为：

$$\mathrm{FDR}_{\mathrm{SMLIS}} = \mathrm{E}\left\{\frac{\sum_{j=1}^{m} I(\mathrm{SMLIS}_j(\mathbf{Z}) < c^{*})(1-\theta_j)}{\sum_{j=1}^{m} I(\mathrm{SMLIS}_j(\mathbf{Z}) < c^{*})}\right\}$$

$$= \mathrm{E}\left\{\frac{\sum_{j=1}^{m} I(\mathrm{SMLIS}_j(\mathbf{Z}) < c^{*})\mathrm{SMLIS}_j(\mathbf{Z})}{\sum_{j=1}^{m} I(\mathrm{SMLIS}_j(\mathbf{Z}) < c^{*})}\right\}。$$

由c^{*}的选取方法得

$$\mathrm{FDR}_{\mathrm{SMLIS}} \leqslant \alpha \sum_{\{z_i\}_{i=1}^{m}} \mathrm{Pr}(\{Z_i\}_{i=1}^{m} = \{z_i\}_{i=1}^{m}) = \alpha。$$

6.4 数据驱动的SMLIS方法

在实际数据分析中，隐半马尔可夫模型的参数通常是未知的。考虑其未知参数由其极大似然估计替代的近似 SMLIS 统计量 $\hat{\mathrm{L}}_j$，$j=1$，…，m。该统计量的定义如下：

$$\hat{\mathrm{L}}_j = Pr(\theta_j^{*} \in S_0 | \{z_i\}_{i=1}^{m},\ \hat{v}),$$

其中$\hat{\boldsymbol{v}}$是$\boldsymbol{v}$的极大似然估计，其可由EM算法求得。

记$\hat{\mathrm{L}}_{(1)}$，…，$\hat{\mathrm{L}}_{(m)}$为从小到大排序的$\hat{\mathrm{L}}S$统计量，记$H_{(1)}$，…，$H_{(m)}$为与之对应的零假设。数据驱动的SMLIS方法的执行过程如下：

$$令\ l = \max\left\{i:\frac{1}{i}\sum_{j=1}^{i}\hat{\mathrm{L}}S_{(j)} \leqslant \alpha\right\}，则拒绝 H_{(j)}，j = 1，\cdots，l。$$

本节接下来介绍计算隐半马尔可夫模型参数估计的EM算法。Efron（2004）指出，高斯混合分布可近似一系列复杂分布。不失一般性，假设$F_0 \sim N(\mu_0, \sigma_0^2)$和$F_1 \sim \sum_{l=1}^{L}\pi_{1l}N(\mu_l, \sigma_l^2)$，其中$\sum_{l=1}^{L}\pi_{1l} = 1$并且$L$为混合成分数量。

引入辅助变量$\{\xi_i\}_{i=1}^{m}$。若$\xi_i = l$，则$z_i \sim N(\mu_l, \sigma_l^2)$。记$\theta^* = \{\theta_i^*\}_{i=1}^{m}$为隐马尔可夫模型的隐状态序列，记$\xi = \{\xi_i\}_{i=1}^{m}$为引入的辅助变量序列，记$z = \{z_i\}_{i=1}^{m}$为观测序列。完全对数似然函数可展开为

$$\begin{aligned}
&\log L(\boldsymbol{v}；\ \theta^*，\xi，z)\\
=&\sum_{p=1}^{m_0+m_1} I(\theta_1^* = p)\log\pi_p + \sum_{i=1}^{m} I(\xi_i = 0)\log f(z_i|\mu_0, \sigma_0^2) +\\
&\sum_{i=1}^{m}\sum_{l=1}^{L} I(\xi_i = l)\log\left[\pi_{1l}f(z_i|\mu_l, \sigma_l^2)\right] +\\
&\sum_{i=1}^{m-1}\sum_{p=1}^{m_0-1}\left[I(\theta_i^*=p,\ \theta_{i+1}^*=p+1)(1-h_0(p))+I(\theta_i^*=p,\ \theta_{i+1}^*=m_0+1)h_0(p)\right]+\\
&\sum_{i=1}^{m-1}\left[I(\theta_i^*=m_0,\ \theta_{i+1}^*=m_0)(1-h_0(m_0))+I(\theta_i^*=m_0,\ \theta_{i+1}^*=m_0+1)h_0(m_0)\right]+\\
&\sum_{i=1}^{m-1}\sum_{p=m_0+1}^{m_0+m_1-1}\left[I(\theta_i^*=p,\ \theta_{i+1}^*=p+1)(1-h_1(p-m_0))+I(\theta_i^*=p,\ \theta_{i+1}^*=1)h_1(p-m_0)\right]+\\
&\sum_{i=1}^{m-1}\left[I(\theta_i^*=m_0+m_1,\ \theta_{i+1}^*=m_0+m_1)(1-h_1(m_1))+I(\theta_i^*=m_0+m_1,\ \theta_{i+1}^*=1)h_1(m_1)\right],
\end{aligned}$$

其中$f(\cdot|\mu, \sigma^2)$为正态分布$N(\mu, \sigma^2)$对应的PDF。在E步的第t次迭

代中，完全对数似然函数在给定$z=\{z_i\}_{i=1}^m$的条件下取期望得

$$
\begin{aligned}
&Q(\boldsymbol{v},\ \hat{\boldsymbol{v}}^{(t)})\\
&=\mathrm{E}\left[\log L(\boldsymbol{v};\ \theta^*,\ \xi,\ z)|z,\ \hat{\boldsymbol{v}}^{(t)}\right]\\
&=\sum_{p=1}^{m_0+m_1}\gamma_1^{(t)}(p)\log\pi_p+\sum_{i=1}^{m}\psi_i^{(t)}\log f(z_i|\mu_0,\ \sigma_0^2)+\\
&\sum_{i=1}^{m}\sum_{l=1}^{L}\psi_i^{(t)}(l)\log\left[\pi_{1l}f(z_i|\mu_l,\ \sigma_l^2)\right]+\\
&\sum_{i=1}^{m-1}\sum_{p=1}^{m_0-1}\left[\eta_i^{(t)}(p,\ p+1)(1-h_0(p))+\eta_i^{(t)}(p,\ m_0+1)h_0(p)\right]+\\
&\sum_{i=1}^{m-1}\left[\eta_i^{(t)}(m_0,\ m_0)(1-h_0(m_0))+\eta_i^{(t)}(m_0,\ m_0+1)h_0(m_0)\right]+\\
&\sum_{i=1}^{m-1}\sum_{p=m_0+1}^{m_0+m_1-1}\left[\eta_i^{(t)}(p,\ p+1)(1-h_1(p-m_0))+\eta_i^{(t)}(p,\ 1)h_1(p-m_0)\right]+\\
&\sum_{i=1}^{m-1}\left[\eta_i^{(t)}(m_0+m_1,\ m_0+m_1)(1-h_1(m_1))+\eta_i^{(t)}(m_0+m_1,\ 1)h_1(m_1)\right],
\end{aligned}
$$

其中

$$\gamma_i^{(t)}(p)=Pr(\theta_i^*=p|z,\ \hat{\boldsymbol{v}}^{(t)}),$$

$$\psi_i^{(t)}(l)=Pr(\xi_i=l|z,\ \theta_i^*\in S_1,\ \hat{\boldsymbol{v}}^{(t)})$$

和

$$\eta_i^{(t)}(p,\ q)=Pr(\theta_i^*=p,\ \theta_{i+1}^*=q|z,\ \hat{\boldsymbol{v}}^{(t)})$$

均是中间变量。在M步的第t次迭代中，由$\hat{\boldsymbol{v}}_i^{(t+1)}=\arg\max_{v}Q(\boldsymbol{v},\ \hat{\boldsymbol{v}}_i^{(t)})$，得

$$\pi_p^{(t+1)}=\gamma_1^{(t)}(p),\ p=0,\ 1;$$

$$\mu_0^{(t+1)}=\frac{\sum_{i=1}^{m}\sum_{p=1}^{m_0}\gamma_i^{(t)}(p)z_i}{\sum_{i=1}^{m}\sum_{p=1}^{m_0}\gamma_i^{(t)}(p)};$$

$$\sigma_0^{(t+1)2} = \frac{\sum_{i=1}^{m}\sum_{p=1}^{m_0}\gamma_i^{(t)}(p)(z_i - \mu_0^{(t+1)})^2}{\sum_{i=1}^{m}\sum_{p=1}^{m_0}\gamma_i^{(t)}(p)};$$

$$\mu_l^{(t+1)} = \frac{\sum_{i=1}^{m}\psi_i^{(t)}(l)z_i}{\sum_{i=1}^{m}\psi_i^{(t)}(l)}, \quad l = 1, \cdots, L;$$

$$\sigma_l^{(t+1)2} = \frac{\sum_{i=1}^{m}\psi_i^{(t)}(l)(z_i - \mu_l^{(t+1)})^2}{\sum_{i=1}^{m}\psi_i^{(t)}(l)}, \quad l = 1, \cdots, L;$$

$$\pi_{1l}^{(t+1)} = \frac{\sum_{i=1}^{m}\psi_i^{(t)}(l)}{\sum_{i=1}^{m}\sum_{p=m_0+1}^{m_0+m_1}\gamma_i^{(t)}(p)}, \quad l = 1, \cdots, L;$$

$$h_0^{(t+1)}(p) = \frac{\sum_{i=1}^{m-1}\eta_i^{(t)}(p, m_0+1)}{\sum_{i=1}^{m-1}\left[\eta_i^{(t)}(p, p+1) + \eta_i^{(t)}(p, m_0+1)\right]},$$

$$p = 1, \cdots, m_0 - 1;$$

$$h_0^{(t+1)}(m_0) = \frac{\sum_{i=1}^{m-1}\eta_i^{(t)}(m_0, m_0+1)}{\sum_{i=1}^{m-1}\left[\eta_i^{(t)}(m_0, m_0) + \eta_i^{(t)}(m_0, m_0+1)\right]};$$

$$h_1^{(t+1)}(p) = \frac{\sum_{i=1}^{m-1}\eta_i^{(t)}(m_0+p, 1)}{\sum_{i=1}^{m-1}\left[\eta_i^{(t)}(m_0+p, m_0+p+1) + \eta_i^{(t)}(m_0+p, 1)\right]},$$

$$p = 1, \cdots, m_1 - 1;$$

$$h_1^{(t+1)}(m_1) = \frac{\sum_{i=1}^{m-1} \eta_i^{(t)}(m_0 + m_1, 1)}{\sum_{i=1}^{m-1} \left[\eta_i^{(t)}(m_0 + m_1, m_0 + m_1) + \eta_i^{(t)}(m_0 + m_1, 1) \right]}。$$

6.5 模拟研究

本节主要介绍“神谕”的SMLIS方法、数据驱动的SMLIS方法、LIS方法、Lfdr方法以及BH方法的数值模拟比较。本节主要比较这些方法在不同模型参数设置下的FDR控制情况以及FNR和ATP（Average Number of True Positive）值。具体而言，模拟数据由6.2节描述的隐半马尔可夫模型产生。不失一般性，考虑同时检验 $m = 5\,000$ 个零假设，并且 $\{\theta_i\}_{i=1}^m$ 由半马尔可夫链生成，其中初始概率分布和停留时间分布分别为 $(\pi_0, \pi_1) = (1, 0)$ 和 (d_0, d_1)

考虑停留时间分布 d_1 固定为几何分布，其PDF为：

$d_1(r) = 0.4 \times 0.6^{r-1}$，$r = 1, 2, \cdots$

并且考虑停留时间分布 d_0 分别为移位二项分布、移位泊松分布、移位负二项分布以及非结构化开始且几何尾部分布的情形。给定零假设的状态序列，观测序列 $\{z_i\}_{i=1}^m$ 由两成分混合模型（6-2）产生。根据混合成分的数量 L 是否已知将模拟研究分为两部分：模拟研究一（L=1且已知）和模拟研究二（L=2且未知）。在本节所有模拟研究中，FDR水平固定为0.1，m_0 固定为30，并且 $F_0 \sim N(0, 1)$。

6.5.1 模拟研究一

在模拟研究一中，考虑混合成分数量 L=1且已知的数值模拟。具体而言，根据 d_0 的分布情况，考虑如下四种情形。

情形一（移位二项分布）

假设d_0的PMF为

$$d_0(r)=\binom{n_1}{r-1}\pi_b^{r-1}(1-\pi_b)^{n_1-(r-1)},\ r=1,\ 2,\ \cdots,\ n_1+1。$$

在该情形下，进一步考虑以下三个参数的设置情况。

参数设置1：固定$n_1=4$，$\pi_b=0.4$，$\sigma_1=1$，将μ_1在2到3的范围内变化。

参数设置2：固定$\mu_1=2.5$，$\sigma_1=1$，$\pi_b=0.5$，将n_1在4到8的范围内变化。

参数设置3：固定$\mu_1=2.5$，$\sigma_1=1$，$n_1=6$，将π_b在0.35到0.45的范围内变化。

参数设置1—3对应的数值模拟结果见图6-2。如图6-2（a）、（d）和（g）所示，BH方法产生的FDR值总是明显小于预先指定的FDR水平0.1，而其他方法在参数设置1—3中可以将FDR控制在0.1附近。这表明，这些方法都是可行的，但BH方法在参数设置1—3中表现得更加保守。从图6-2（b）、（e）和（h）中可观察到，“神谕”的SMLIS方法和数据驱动的SMLIS方法的FNR值几乎相同，并且均始终小于其他方法的FNR值。从图6-2（c）、（f）和（i）可以看出，关于ATP可得到类似的结论。由此得出结论：在参数设置1—3中，“神谕”的SMLIS方法的数值表现可以由数据驱动的SMLIS方法来近似，并且都比其他比较方法更有效。此外，需要注意的是，μ_1的值越大意味着信号强度越强。因此，容易理解这些方法的FNR随着μ_1的增加而减少。

情形二（移位泊松分布）

假设d_0的PMF为

$$d_0(r)=\frac{\lambda^{r-1}}{(r-1)!}\exp(-\lambda),\ r=1,\ 2,\ \cdots$$

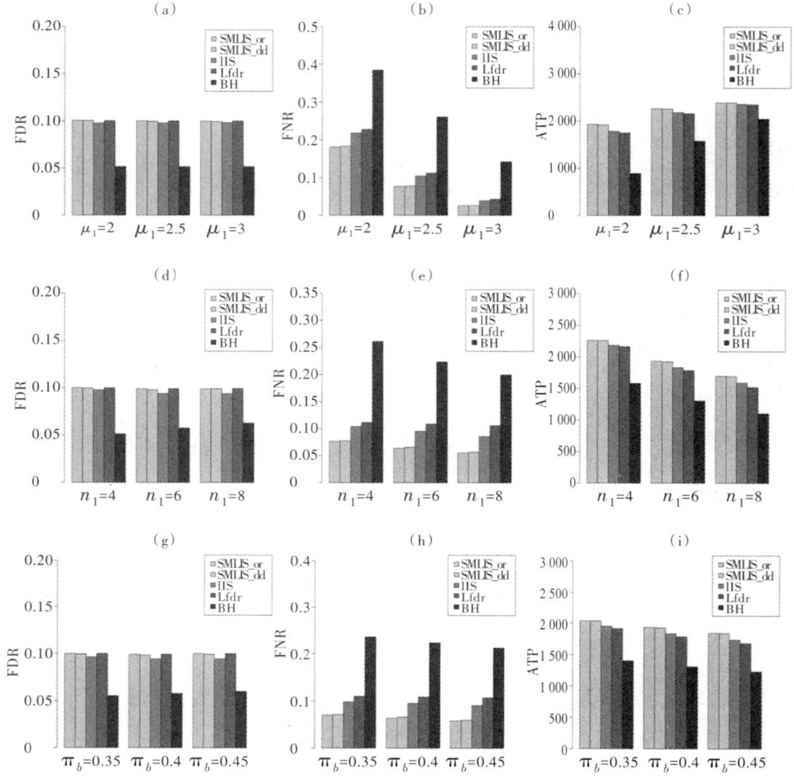

图6-2　参数设置1—3下的模拟结果

在该情形下，进一步考虑以下两个参数的设置情况。

参数设置4：固定 $\lambda = 5$，$\sigma_1 = 1$，将 μ_1 在 1.5 到 2.5 的范围内变化。

参数设置5：固定$\mu_1 = 1.5$，$\sigma_1 = 1$，将 λ 在 3 到 7 的范围内变化。

相应的模拟结果在图6-3中展示。如图6-3的左图所示，所有五个方法都能将FDR控制在0.1左右。然而，LIS方法和BH方法均有些保守。尽管在一些情况下，数据驱动的SMLIS方法产生的FDR超过了0.1，但仍然可以接受。例如，在参数设置4中，数据驱动的SMLIS方法的FDR最大值为0.1049699，该值非常接近0.1。

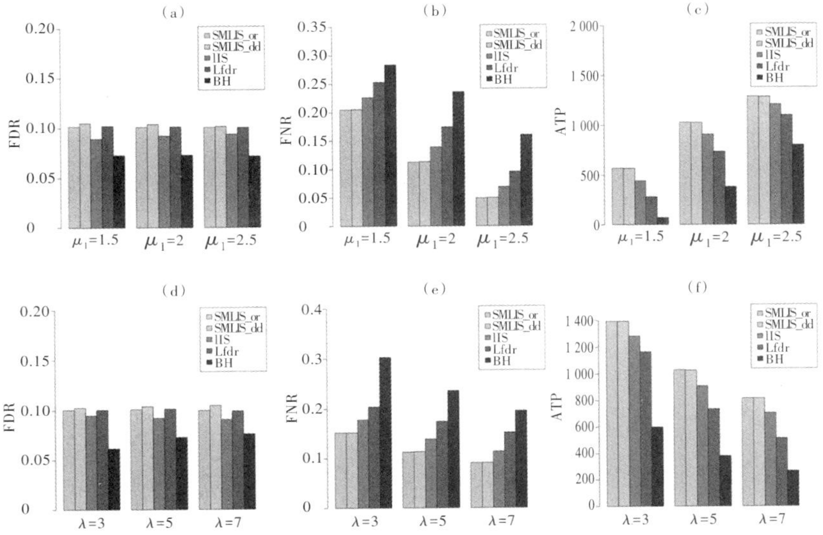

图6-3 参数设置4—5下的模拟结果

同样，我们可以从图6-3（b）、（c）、（e）和（f）中得出结论，SMLIS方法可以通过更灵活的方式来描述停留时间的分布。此外，值得注意的是，λ的值越大，真零假设的数量就越多。因此就容易理解所有方法的ATP随着λ的增加而减少。

情形三（移位负二项分布）

假设d_0的PMF为

$$d_0(r)=\frac{\Gamma(r+n_2-1)}{(r-1)!\ \Gamma(n_2)}\pi_{nb}^{n_2}(1-\pi_{nb})^{r-1},\ r=1,\ 2,\ \cdots$$

在该情形下，进一步考虑以下三个参数的设置情况。

参数设置6：固定$n_2=4$，$\pi_{nb}=0.4$，$\sigma_1=1$，将μ_1在1.5到2.5的范围内变化。

参数设置7：固定$\mu_1=2$，$\sigma_1=1$，$\pi_{nb}=0.4$，将n_2在3到5的范围内变化。

参数设置8：固定$\mu_1=2$，$\sigma_1=1$，$n_2=4$，将π_{nb}在0.35到0.45

的范围内变化。

情形四（非结构化开始且几何尾部分布）

假设d_0的PMF为

$$d_0(r)=\begin{cases}\delta_0(r) & \text{对于}r\leqslant q,\\ \delta_0(q)\left(\dfrac{1-\sum_k^q\delta_0(k)}{1-\sum_{k=1}^{q-1}\delta_0(k)}\right)^{r-q}, & \text{对于}r>q。\end{cases}$$

在该情形下，进一步考虑以下两个参数的设置情况。

参数设置9：固定$(\delta_0(1),\ \delta_0(2),\ \delta_0(3),\ \delta_0(4))=(0.1,\ 0.1,\ 0.1,\ 0.3)$，$q=4$，$\sigma_1=1$，

将μ_1在1.5到2.5的范围内变化。

参数设置10：固定$(\delta_0(1),\ \delta_0(2),\ \delta_0(3))=(0.1,\ 0.1,\ 0.1)$，$q=4$，$\mu_1=2$，$\sigma_1=1$，

将$\delta_0(4)$在0.2到0.4的范围内变化。

参数设置6—8和9—10对应的模拟结果分别见图6-4和图6-5。从图6-4和图6-5中可以得到与之前模拟相似的结论，故不再详述。

6.5.2 模拟研究二

在模拟研究二中，考虑混合成分数量L=2且未知的数值模拟。对于数据驱动的SMLIS方法，本节使用贝叶斯信息准则（BIC）来选择一个合适的L。具体而言，BIC计算公式为

$$\text{BIC}(L)=-2\log\Pr(\{z_i\}_{i=1}^m|\boldsymbol{v})+(3L+m_0+1)\log(m)。$$

通常而言，我们选择当BIC值最小时所对应的L。与模拟研究一相同，根据d_0的分布，考虑如下四种情形下的参数设置。

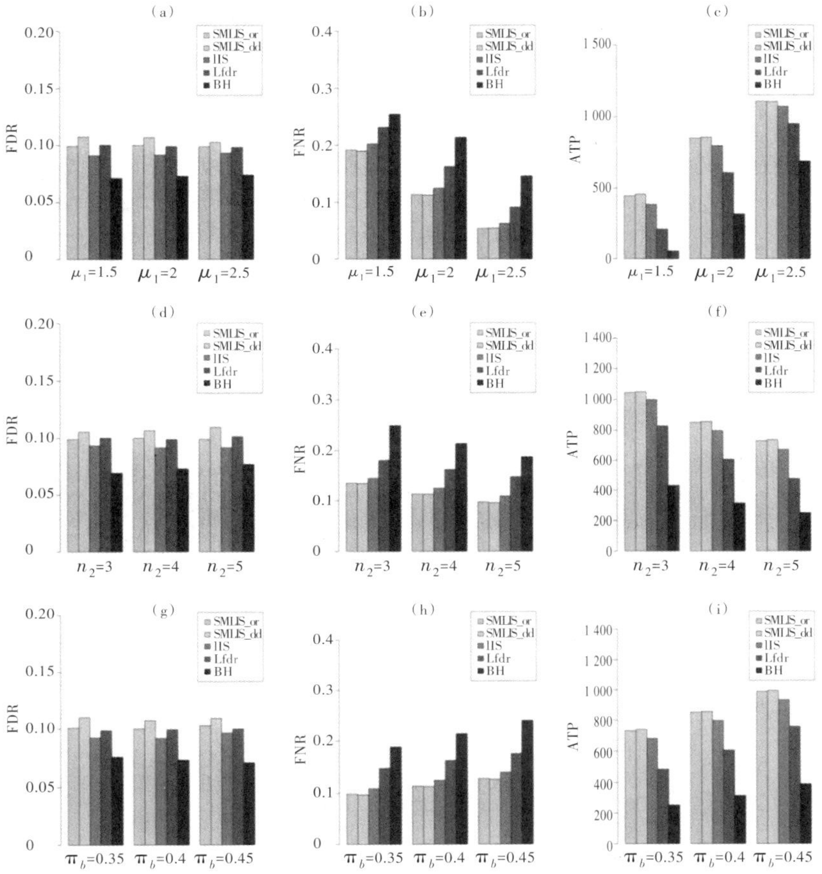

图6-4 参数设置6—8下的模拟结果

情形一（移位二项分布）

参数设置11：固定 $n_1 = 4$，$\pi_b = 0.4$，$\mu_1 = 1.5$，$\sigma_1 = \sigma_2 = 1$，$\pi_{11} = \pi_{12} = 0.5$，将$\mu_2$在2到3的范围内变化。

参数设置12：固定$\mu_1 = 1.5$，$\mu_2 = 2.5$，$\sigma_1 = \sigma_2 = 1$，$\pi_{11} = \pi_{12} = 0.5$，$\pi_b = 0.4$，将$n_1$在4到8的范围内变化。

参数设置13：固定$\mu_1 = 1.5$，$\mu_2 = 2.5$，$\sigma_1 = \sigma_2 = 1$，$\pi_{11} = \pi_{12} = 0.5$，$n_1 = 6$，将$\pi_b$在0.35到0.45的范围内变化。

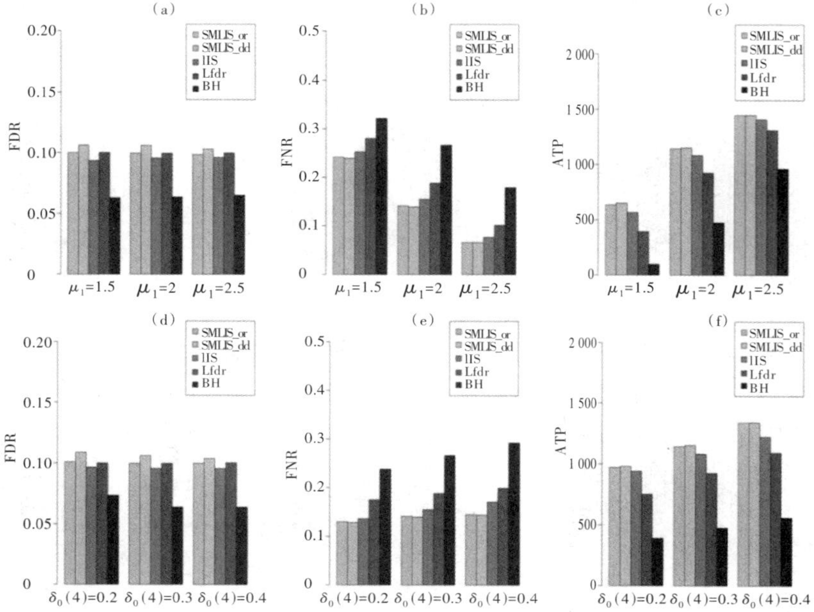

图 6-5　参数设置 9—10 下的模拟结果

情形二（移位泊松分布）

参数设置 14：固定 $\lambda = 5$，$\mu_2 = 2.5$，$\sigma_1 = \sigma_2 = 1$，$\pi_{11} = \pi_{12} = 0.5$，将 μ_1 在 1 到 2 的范围内变化。

参数设置 15：固定 $\mu_1 = 1.5$，$\mu_2 = 2.5$，$\sigma_1 = \sigma_2 = 1$，$\pi_{11} = \pi_{12} = 0.5$，将 λ 在 3 到 7 的范围内变化。

情形三（移位负二项分布）

参数设置 16：固定 $n_2 = 4$，$\pi_{nb} = 0.4$，$\mu_1 = 1$，$\sigma_1 = \sigma_2 = 1$，$\pi_{11} = \pi_{12} = 0.5$，将 μ_2 在 1.5 到 2.5 的范围内变化。

参数设置 17：固定 $\mu_1 = 1$，$\mu_2 = 2$，$\sigma_1 = \sigma_2 = 1$，$\pi_{11} = \pi_{12} = 0.5$，$\pi_{nb} = 0.4$，将 n_2 在 3 到 5 的范围内变化。

参数设置 18：固定 $\mu_1 = 1$，$\mu_2 = 2$，$\sigma_1 = \sigma_2 = 1$，$\pi_{11} = \pi_{12} = 0.5$，$n_2 = 4$，将 π_{nb} 在 0.35 到 0.45 的范围内变化。

情形四（非结构化开始且几何尾部分布）

参数设置19：固定$(\delta_0(1), \delta_0(2), \delta_0(3), \delta_0(4)) = (0.1, 0.1, 0.1, 0.3)$，$q = 4$，$\mu_1 = 1$，$\sigma_1 = \sigma_2 = 1$，$\pi_{11} = \pi_{12} = 0.5$，将$\mu_2$在1.5到2.5的范围内变化。

参数设置20：固定$(\delta_0(1), \delta_0(2), \delta_0(3)) = (0.1, 0.1, 0.1)$，$q = 4$，$\mu_1 = 1$，$\mu_2 = 2$，$\sigma_1 = \sigma_2 = 1$，$\pi_{11} = \pi_{12} = 0.5$，将$\delta_0(4)$在0.2到0.4的范围内变化。

参数设置11—13、14—15、16—18以及19—20对应的模拟结果分别见图6-6至图6-9。模拟结果与之前的结果基本一致，故不再详述。

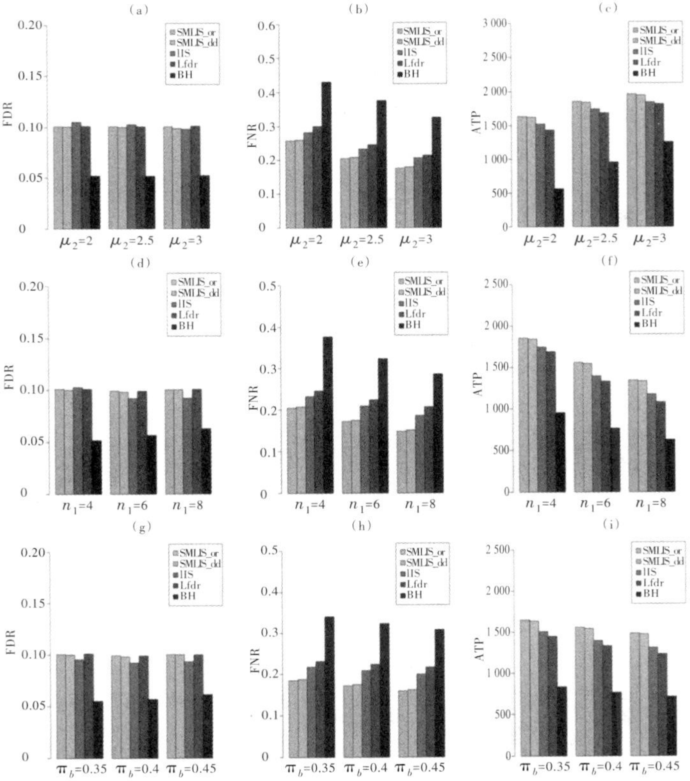

图6-6 参数设置11—13下的模拟结果

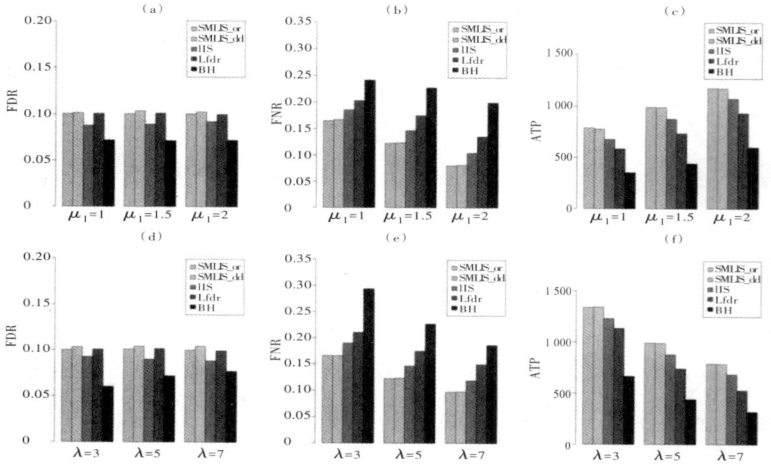

图 6-7　参数设置 14—15 下的模拟结果

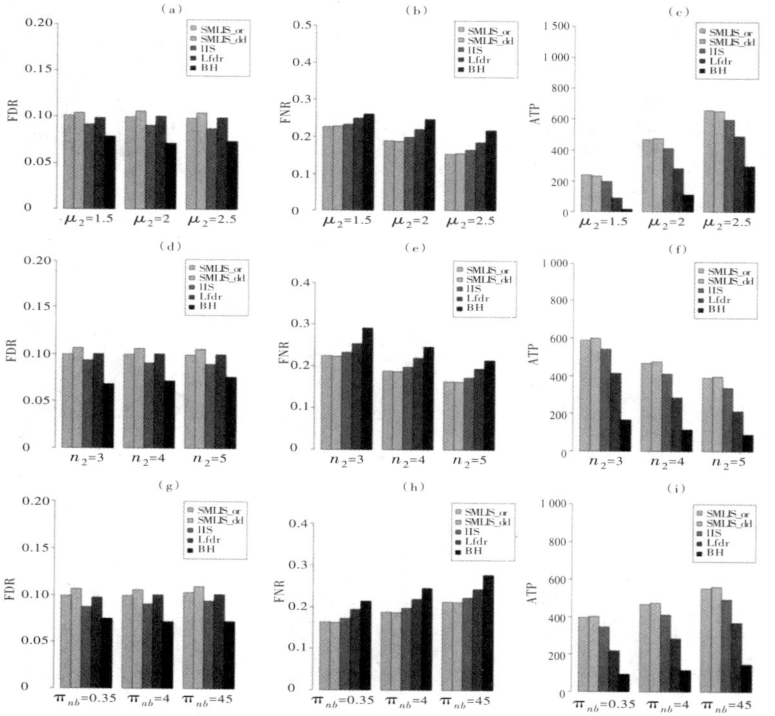

图 6-8　参数设置 16—18 下的模拟结果

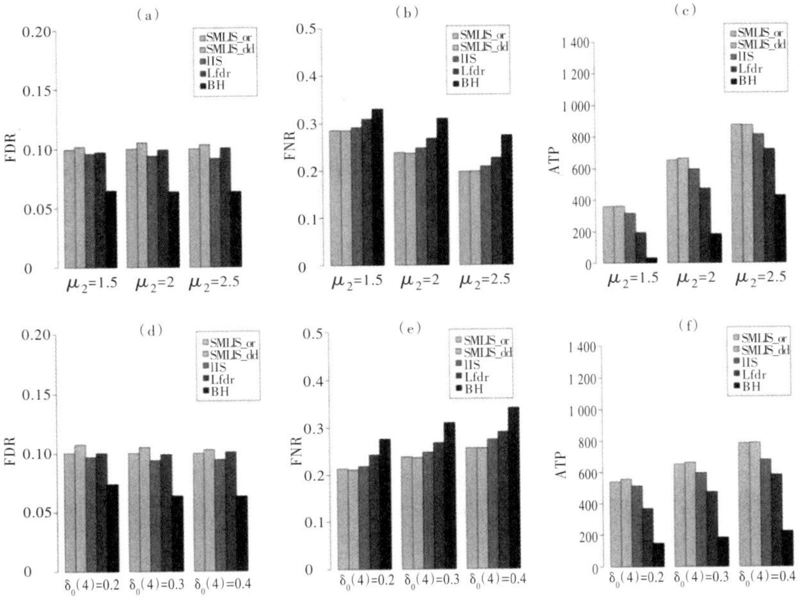

图 6-9　参数设置 19—20 下的模拟结果

6.6　实际数据分析

为了进一步说明SMLIS方法在实际数据分析中的优越性能，本节介绍应用SMLIS方法分析精神分裂症数据。该数据由精神病基因组学联盟（PGC）收集，经许可可从 https: //www. med. unc. edu/pgc/download-results/scz/下载。在 SCZ2 中，我们对 36 989 个 SCZ 病例和 113 075 个对照组个体进行了大规模的荟萃分析（Ripke 等，2013）。与疾病相关的 SNP 在减数分裂过程中由于相邻基因组位点的共生而总是聚集在一起并具有局部相依性，我们采用半马尔可夫链来描述局部的相依性，并利用SMLIS 方法来检测与SCZ 相关的SNP。具体而言，在这个真实数据分析中使用的检验统计量可以表示为：

$$z_i = \log\left(\mathrm{OR}_i^{(\mathrm{SCZ2})}\right) \big/ \mathrm{SE}_i^{(\mathrm{SCZ2})},$$

其中$\mathrm{OR}_i^{(\mathrm{SCZ2})}$为第$i$个等位基因的优势比，并且$\mathrm{SE}_i^{(\mathrm{SCZ2})}$为$\log\left(\mathrm{OR}_i^{(\mathrm{SCZ2})}\right)$的标准差。需要注意的是，混合成分的数量是通过使用贝叶斯信息准则（BIC）确定的。不同L对应的BIC具体值如表6-1所示：

表6-1　**不同L对应的BIC值**

BIC 值	L=1	L=12	L=3
SMLIS	16 452.67	16 94.32	16 380.72
LIS	16 205.16	16 146.64	16 146.47

SCZ的数据分析结果见图6-10和图6-11。图6-10显示了不同方法在不同的FDR水平下发现的显著SNP数量。可以看出，在不同的FDR水平下，SMLIS方法比其他方法识别出了更多与SCZ相关的SNP。此外，还可以看到，BH方法和Lfdr方法识别的SNP是相似的且都相对较少，这是由于两者都没有考虑到检验之间的局部相依性。进一步，我们使用维恩图来显示SMLIS方法和其比较方法在FDR为0.01的水平上检测到的重要SNP的重叠情况。图6-11显示，SMLIS方法识别出了LIS方法识别的所有SNP，并且识别出了Lfdr方法识别的69个SNP中的68个，以及BH方法识别的53个SNP中的52个。

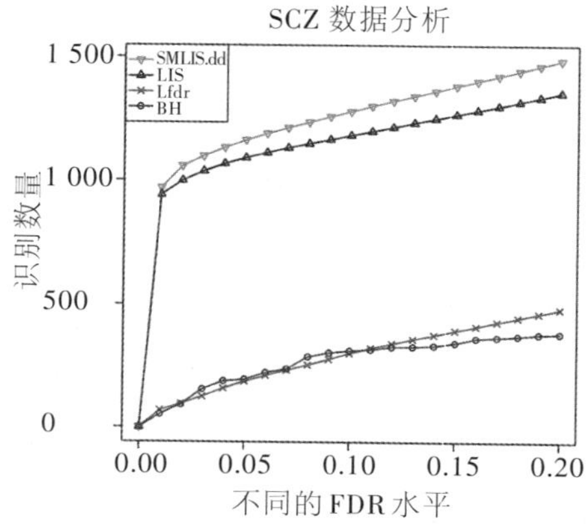

图6-10　不同FDR水平下各方法识别出的SNP数量

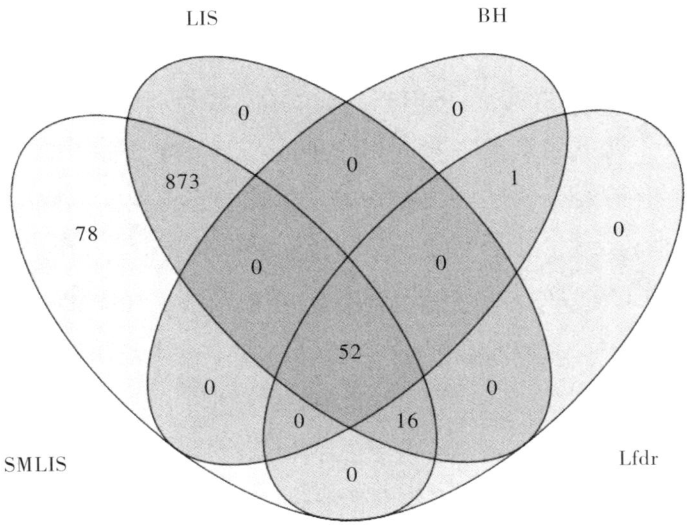

图6-11　当FDR水平为0.01时各方法识别出的SNP数量

6.7　本章小结

本章内容主要基于Wang和Wang（2024）的研究，针对高维数据分析中多重检验之间的相关性问题，提出了一种基于HSMM的多重检验方法。传统方法通常假设各检验之间相互独立，但在实际数据分析中，这一独立性假设往往无法成立，因而导致多重检验功效的降低，并影响结果的可解释性。为应对这一挑战，本章引入HSMM对检验之间的复杂局部相关性进行建模。与传统模型相比，HSMM能够通过灵活停留时间分布，更准确地捕捉检验之间的相依结构，从而有效改善了多重检验方法在高维数据分析中的表现。

为了提高计算效率，本章介绍了通过扩展状态空间的HMM近似HSMM的方法。该方法利用前向-后向算法计算统计量，并基于EM

算法对模型参数进行高效估计。此外，本章还详细介绍了数据驱动的SMLIS方法，该方法能够在模型参数未知的情况下实现有效应用。通过理论分析和模拟试验，SMLIS方法的有效性得到充分验证。结果表明，SMLIS方法可以在控制mFDR的同时，显著降低mFNR。

在实际数据分析中，SMLIS方法的优势也得到了充分体现。例如，在对SCZ数据的分析中，该方法显著提高了相关SNP的检出率，同时保持了良好的FDR控制能力。这表明，基于HSMM的多重检验方法通过灵活地建模检验之间的局部相依性，为大范围相依多重检验问题提供了一种统计工具，同时也为高维数据的分析提供了新的思路和实践路径。未来，该方法有望在其他复杂数据分析场景（如表观遗传学、神经科学和大规模多组学数据分析）中进一步发挥作用。

第 7 章

基于分层隐马尔可夫模型的大范围多重检验方法

本章主要介绍一种基于分层隐马尔可夫模型的大范围多重检验方法。该方法不仅能够较好地刻画检验之间的局部相依性，还能够自动划分染色体区域。

7.1 引言

当检验呈现序列相依时，Sun和Cai（2009）指出一阶马尔可夫链可有效刻画检验在一维情形下的局部相依结构。然而在复杂高维数据分析中，仅使用一条马尔可夫链对零假设状态序列建模往往会丢失区域信息。例如，在GWAS中，Wei等（2009）假设每条染色体上的零假设状态序列服从一条一阶马尔可夫链，并将所有染色体对应的LIS统计量一起排序，然后在预设的FDR水平下找出与复杂疾病或性状存在关联性的SNP。事实上，同一条染色体不同区域的基因功能存在一定的差异。将染色体根据基因的功能进行区域划分，并分别对每个区域使用一阶马尔可夫链建模更加合理。因此，自适应区域划分的大范围相依多重检验方法仍有待进一步研究。为了实现对区域的划分，一种简单直观的方法是：将样本一分为二，其中一部分样本用来确定不同区域之间的变点；另一部分样本用来进行多重检验。然而样本分割会造成部分样本信息的损失。为了解决该问题，本章将详细介绍基于分层隐马尔可夫模型的大范围多重检验方法。该方法在一阶马尔可夫链上增加了一个隐层，该隐层变量的状态表示划分区域的类别。通过对新增隐层变量的识别和估计，该方法可实现自动对不同区域进行划分，并且可有效避免样本分割。

7.2 多重检验框架下的分层隐马尔可夫模型

假设关注的GWAS问题需要同时检验m个零假设。设$\{\theta_i\}_{i=1}^m$为零假设的潜在状态序列，其中，$\theta_i=1$表示第i个零假设不成立，即第i个位点的SNP与相应的疾病或性状相关；$\theta_i=0$表示第i个零假设为真，即第i个位点的SNP与相应的疾病或性状不相关。设$\{\eta_i\}_{i=1}^m$为所划分的染色体区域的潜在类型序列，其中$\eta_i=k$表示第i个位点的SNP位于染色体的第k（$k=1$，…，K）种区域，K为染色体区域的类别总数。设$\{z_i\}_{i=1}^m$为观测序列，其中z_i为第i个零假设对应的z值或检验统计量。

记Z_i为z_i对应的随机变量。

为了描述检验之间的局部相依性，假设染色体区域的潜在类型序列$\{\eta_i\}_{i=1}^m$服从一个分块马尔可夫链。该分块马尔可夫链的初始概率为：

$$Pr(\eta_i=k)=\pi_k,\ k=1,\ \cdots,\ K。\tag{7-1}$$

相应地，状态转移概率为：

$$Pr(\eta_{i+1}=l|\eta_i=k)=\begin{cases}\delta_{kl}, & 若i不是S的倍数,\\ b_{kl}, & 否则,\end{cases}\tag{7-2}$$

其中δ_{kl}是克罗内克函数，即

$$\delta_{kl}=\begin{cases}1, & 若k=l,\\ 0, & 否则,\end{cases}$$

并且S为染色体区域包含的位点数量。事实上，该分块马尔可夫链使得η_i状态的变化只发生在染色体块状区域的末端。此外，假设第i个零假设的状态θ_i依赖于前一个零假设状态θ_{i-1}和所在染色体区

域的类型η_i，其状态转移概率为：

$$Pr(\theta_i = q|\theta_{i-1} = p, \eta_i = k) = a_{pq}(k), k = 1, \cdots, K; p, q = 0, 1$$
。 （7-3）

进一步，设零假设状态序列$\{\theta_i\}_{i=1}^m$的初始概率为

$$Pr(\theta_1 = p|\eta_1 = k) = c_p(k), k = 1, \cdots, K; p = 0, 1。 \quad (7-4)$$

类似于Sun和Cai（2009）中的模型假设，假设观测的随机变量序列$\left\{Z_i\right\}_{i=1}^m$在给定$\left\{\theta_i\right\}_{i=1}^m$的条件下相互独立，即

$$Pr(\{Z_i\}_{i=1}^m|\{\theta_i\}_{i=1}^m) = \prod_{i=1}^m Pr(Z_i|\theta_i)。 \quad (7-5)$$

假设Z_i在给定θ_i的条件下服从两成分混合模型：

$$Z_i|\theta_i \sim (1 - \theta_i)F_0 + \theta_i F_1, \quad (7-6)$$

其中F_0和F_1分别为Z_i在给定$\theta_i = 0$和$\theta_i = 1$的条件下的累积分布函数。相应地，记f_0和f_1分别为F_0和F_1对应的概率密度函数。

由式（7-1）—（7-6）所确定的概率图模型即为多重检验框架下的分层隐马尔可夫模型（Hierarchical Hidden Markov Model, HHMM）。该模型的示意图如图7-1所示。

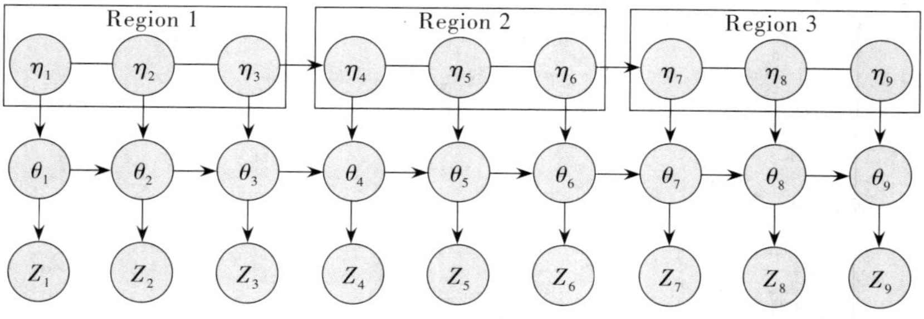

图7-1 分层隐马尔可夫模型的示意图

为了方便标记，记$\pi = (\pi_1, \cdots, \pi_K)$为染色体区域类型序列的初始概率；记$C = (c_0(1), \cdots, c_0(K); c_1(1), \cdots, c_1(K))$为染色体区域类型序列的初始条件概率；记$A = (A_1, \cdots, A_K)$为零假设状态序列的

转移概率矩阵，其中$A_k=(a_{pq}(k))_{2\times 2}$，$k=1$，…，$K$；记$B=(b_{kl})_{K\times K}$为分块马尔可夫链的状态转移概率矩阵；记$F=(f_0, f_1)$为$Z_i$在给定$\theta_i$的条件下的概率密度函数；记$\upsilon=(\pi, C, A, B, F)$为多重检验框架下的分层隐马尔可夫模型的参数。

7.3 “神谕”的HLIS方法

在本节，“神谕（oracle）”指的是已知分层隐马尔可夫模型的参数。本节主要介绍在已知分层隐马尔可夫模型参数的情况下，基于分层隐马尔可夫模型的大范围多重检验方法及其性质。

7.3.1 HLIS统计量

基于分层隐马尔可夫模型，定义分层局部显著性指标（Hierarchical Local Index of Significance，HLIS）统计量为：

$\mathrm{HLIS}_j=\Pr(\theta_j=0|\{z_i\}_{i=1}^m, \upsilon)$，$j=1$，…，$m$。

虽然HLIS统计量和LIS统计量在形式上相同，但是两者有本质上的区别。两者的主要区别如下：

（1）HLIS统计量和LIS统计量分别基于不同的概率图模型；

（2）HLIS统计量可以展开为：

$$\mathrm{HLIS}_j=\sum_{k=1}^{K} Pr(\theta_j=0|\boldsymbol{\eta}_j=k,\ \{z_i\}_{i=1}^m,\ \upsilon)Pr(\boldsymbol{\eta}_j=k|\{z_i\}_{i=1}^m,\ \upsilon),$$

其中$\Pr(\boldsymbol{\eta}_j=k|\{z_i\}_{i=1}^m, \upsilon)$可看作第$k$种染色体区域的第$j$个LIS统计量。因此，HLIS统计量可被看作加权的LIS统计量，其中权重为给定全部观测的条件下的染色体区域类别的条件概率。特别地，若$K=1$，则HLIS统计量退化为LIS统计量；

（3）HLIS统计量包含染色体区域的信息，而LIS统计量不包含。

通过前向-后向算法，可以高效地计算HLIS统计量。具体而言，HLIS统计量可表示为：

$$\mathrm{HLIS}_j=\frac{\sum_{k=1}^{K}\alpha_j(0,\ k)\beta_j(0,\ k)}{\sum_{p=0}^{1}\sum_{k=1}^{K}\alpha_j(p,\ k)\beta_j(p,\ k)},\ j=1,\ \cdots,\ m,$$

其中$\alpha_j(p,\ k)=\Pr(\theta_j=p,\ \eta_j=k,\ \{z_i\}_{i=1}^{j}|\upsilon)$和$\beta_j(p,\ k)=Pr(\{z_i\}_{i=j+1}^{m}|\theta_j=p,\ \eta_j=k,\ \upsilon)$，

$p=0,\ 1;\ k=1,\ \cdots,\ K$。利用前向-后向算法，可得：

$$\alpha_{j+1}(p,\ k)=f_p(z_{j+1})\sum_{q=0}^{1}\sum_{l=1}^{K}\left[\alpha_j(q,\ l)a_{qp}(k)\delta_{lk}^{s(j)}b_{lk}^{1-s(j)}\right],$$

和

$$\beta_j(p,\ k)=\sum_{q=0}^{1}\sum_{l=1}^{K}\left[f_q(z_{j+1})\beta_{j+1}(q,\ l)a_{pq}(l)\delta_{kl}^{s(j)}b_{kl}^{1-s(j)}\right],$$

其中$\alpha_1(p,\ k)=\pi_k c_p(k)f_p(z_1)$，$\beta_m(p,\ k)=1$，$p=0,\ 1;\ k=1,\ \cdots,\ K$，并且

$$s(j)=\begin{cases}1, & \text{若}j\text{不能整除}S,\\ 0, & \text{若}j\text{可以整除}S。\end{cases}$$

7.3.2 “神谕”的HLIS方法及其性质

为了方便记号表示，简记$\{Z_i\}_{i=1}^{m}$为$\mathbb{Z}$。简记$\Pr(\theta_j=0|\{Z_i\}_{i=1}^{m},\ \upsilon)$为$\mathrm{HLIS}_j(\mathbb{Z})$。令$\delta(\mathrm{HLIS}(\mathbb{Z}),\ c)=\{I(\mathrm{HLIS}_j(\mathbb{Z})<c)\}_{j=1}^{m}$为HLIS统计量对应的决策规则，其中$I(\cdot)$为示性函数，$c$为截断。在该决策规则中，若$\mathrm{HLIS}_j(\mathbb{Z})<c$，则拒绝第$j$个零假设；若$\mathrm{HLIS}_j(\mathbb{Z})\geqslant c$，则不拒绝第$j$个零假设。

定理7.1将说明存在一个截断c_α，使得

$$\mathrm{mFDR}(\delta(\mathrm{HLIS}(\mathbb{Z}),\ c_\alpha))=\alpha,$$

其中 mFDR($\delta(T, c)$)为决策规则$\delta(T, c)$的mFDR。

定理7.1 考虑多重检验框架下的分层隐马尔可夫模型。令$\delta(\mathrm{HLIS}(\mathbb{Z}), c)$为HLIS统计量对应的决策规则，则存在截断$c_\alpha$，使得

$$\mathrm{mFDR}(\delta(\mathrm{HLIS}(\mathbb{Z}), c_\alpha)) = \alpha,$$

即：

$$\frac{\mathrm{E}\left[\sum_{j=1}^{m} I(\mathrm{HLIS}_j(\mathbb{Z}) < c_\alpha)(1-\theta_j)\right]}{\mathrm{E}\left[\sum_{j=1}^{m} I(\mathrm{HLIS}_j(\mathbb{Z}) < c_\alpha)\right]} = \alpha。$$

下一个定理（定理7.2）说明决策规则$\delta(\mathrm{HLIS}(\mathbb{Z}), c_\alpha)$在一定意义下是最优的，即$\delta(\mathrm{HLIS}(\mathbb{Z}), c_\alpha)$在mFDR水平为$\alpha$的条件下，使得mFNR达到最小。

定理7.2 考虑多重检验框架下的分层隐马尔可夫模型。假设决策规则$\delta(\mathrm{HLIS}(\mathbb{Z}), c_\alpha)$满足$\mathrm{mFDR}(\delta(\mathrm{HLIS}(\mathbb{Z}), c_\alpha)) = \alpha$，则该决策规则在mFDR水平为$\alpha$的条件下，使得mFNR达到最小。换而言之，对于任何满足$\mathrm{mFDR}(\delta(T(\mathbb{Z}), c)) \leqslant \alpha$的决策规则$\delta(T(\mathbb{Z}), c) = \{I(T_j(\mathbb{Z}) < c)\}_{j=1}^{m}$，成立：

$$\frac{\mathrm{E}\left[\sum_{j=1}^{m}[1 - I(\mathrm{HLIS}_j(\mathbb{Z}) < c_\alpha)]\theta_j\right]}{\mathrm{E}\left[\sum_{j=1}^{m}[1 - I(\mathrm{HLIS}_j(\mathbb{Z}) < c_\alpha)]\right]} \leqslant \frac{\mathrm{E}\left[\sum_{j=1}^{m}[1 - I(T_j(\mathbb{Z}) < c_\alpha)]\theta_j\right]}{\mathrm{E}\left[\sum_{j=1}^{m}[1 - I(T_j(\mathbb{Z}) < c_\alpha)]\right]}。$$

在实际中，满足$\mathrm{mFDR}(\delta(\mathrm{HLIS}(\mathbb{Z}), c_\alpha)) = \alpha$的截断$c_\alpha$通常是未知的，需要对其进行估计。根据Genovese和Wasserman（2004）、Newton等（2004）以及Sun和Cai（2007）的想法，本节接下来将介绍一种选择截断c^*的方法，该截断可以将FDR渐近地控制在水平α以下。具体而言，记$\mathrm{HLIS}_{(1)}, \cdots, \mathrm{HLIS}_{(m)}$为从小到大排序的HLIS统计

量，记$H_{(1)}$，…，$H_{(m)}$为顺序估计HLIS统计量对应的零假设。

"神谕"的HLIS方法执行过程如下：

令$l = \max\left\{i:\frac{1}{i}\sum_{j=1}^{i}\mathrm{HLIS}_{(j)} \leqslant \alpha\right\}$，则拒绝$H_{(j)}$，$j = 1$，…，$l$。

这里，截断c^*可以取区间$(\mathrm{HLIS}_{(l)}, \mathrm{HLIS}_{(l+1)}]$中的任意值。换而言之，"神谕"的HLIS方法即为决策规则$\delta(\mathrm{HLIS}(\mathbb{Z}), c^*)$，其中$c^*$满足：

$\mathrm{HLIS}_{(l)} < c^* \leqslant \mathrm{HLIS}_{(l+1)}$。

下一个定理（定理7.3）指出，"神谕"的HLIS方法可以将FDR控制在水平α以下。

定理7.3 考虑多重检验框架下的分层隐马尔可夫模型。"神谕"的HLIS方法可以将FDR控制在水平α以下。

7.3.3 理论推导

定理7.1的证明

证明：由$\{Z_i\}_{i=1}^m$的PDF的连续性得，$\mathrm{HLIS}_j(\mathbb{Z})$的PDF和CDF均连续。又因为

$$\mathrm{mFDR}(\delta(\mathrm{HLIS}(\mathbb{Z}), c)) = \frac{\sum_{j=1}^{m} Pr(\mathrm{HLIS}_j(\mathbb{Z}) < c, \theta_j = 0|\boldsymbol{v})}{\sum_{j=1}^{m} Pr(\mathrm{HLIS}_j(\mathbb{Z}) < c|\boldsymbol{v})},$$

所以$\mathrm{mFDR}(\delta(\mathrm{HLIS}(\mathbb{Z}), c))$关于$c$连续。

令 $\Lambda_j(\mathbb{Z}) = \mathrm{HLIS}_j(\mathbb{Z})/(1 - \mathrm{HLIS}_j(\mathbb{Z}))$，$j = 1$，…，$m$。显然，$\Lambda_j(\mathbb{Z})$满足Sun和Cai（2009）中的MRC条件（Monotone Ratio Condition）。由Sun和Cai（2009）中的定理1得$\mathrm{mFDR}(\delta(\Lambda(\mathbb{Z}), c))$关于$c$严格单调增加。注意到$\delta(\mathrm{HLIS}(\mathbb{Z}), c) = \delta(\Lambda(\mathbb{Z}), \varphi(c))$，其中$\varphi(c) = c/(1 - c)$关于$c$严格单调增加。因此，

mFDR(δ(HLIS($\mathbb{Z}$), c)) 关于 c 严格单调增加。进一步，对 mFDR(δ(HLIS($\mathbb{Z}$), c))关于c取极限，可以得到：

$$\lim_{c\to 0}\text{mFDR}(\delta(\text{HLIS}(\mathbb{Z}),\ c)) = 0,$$

和

$$\lim_{c\to 1}\text{mFDR}(\delta(\text{HLIS}(\mathbb{Z}),\ c)) = 1。$$

因此对于任何 $0<\alpha<1$，集合 $\{t:\ \text{mFDR}(\delta(\text{HLIS}(\mathbb{Z}),\ t))\leqslant\alpha\}$ 均非空。令

$$c_\alpha = \sup\{t:\ \text{mFDR}(\delta(\text{HLIS}(\mathbb{Z}),\ t))\leqslant\alpha\}。$$

因此

$$\text{mFDR}(\delta(\text{HLIS}(\mathbb{Z}),\ c_\alpha)) = \alpha。$$

定理 7.2 的证明

证明：设截断c_α满足条件 $\text{mFDR}(\delta(\text{HLIS}(\mathbb{Z}),\ c_\alpha)) = \alpha$。注意到

$$\delta(\text{HLIS}(\mathbb{Z}),\ c_\alpha) = \delta(\Lambda(\mathbb{Z}),\ \varphi(c_\alpha)),$$

其中 $\varphi(c_\alpha) = c_\alpha/(1-c_\alpha)$。由此可得：

$$\frac{\text{E}\left[\sum_{j=1}^{m} I(\Lambda_j(\mathbb{Z})<\varphi(c_\alpha))\Pr(\theta_j=0|\mathbb{Z},\ \upsilon)\right]}{\text{E}\left[\sum_{j=1}^{m} I(\Lambda_j(\mathbb{Z})<\varphi(c_\alpha))(\Pr(\theta_j=0|\mathbb{Z},\ \upsilon)+\Pr(\theta_j=1|\mathbb{Z},\ \upsilon))\right]} = \alpha。$$

整理得：

$$\sum_{j=1}^{m}\text{E}\left\{I(\Lambda_j(\mathbb{Z})<\varphi(c_\alpha))\left[Pr(\theta_j=0|\mathbb{Z},\ \upsilon)-\varphi(\alpha)Pr(\theta_j=1|\mathbb{Z},\ \upsilon)\right]\right\}=0。\tag{7-7}$$

同理，条件 $\text{mFDR}(\delta(T(\mathbb{Z}),\ c))\leqslant\alpha$ 可推得

$$\sum_{j=1}^{m}\text{E}\left\{I(T_j(\mathbb{Z})<c)\left[Pr(\theta_j=0|\mathbb{Z},\ \upsilon)-\varphi(\alpha)Pr(\theta_j=1|\mathbb{Z},\ \upsilon)\right]\right\}\leqslant 0。\tag{7-8}$$

结合式（7-7）和（7-8）可得：

$$\sum_{j=1}^{m} \mathrm{E}\left\{\left[I(\Lambda_j(\mathbb{Z}) < \varphi(c_\alpha)) - I(T_j(\mathbb{Z}) < c)\right]\right.$$
$$\left.\left[\Pr(\theta_j = 0|\mathbb{Z},\ v) - \varphi(\alpha)\Pr(\theta_j = 1|\mathbb{Z},\ v)\right]\right\} \geqslant 0。 \tag{7-9}$$

由$\Lambda_j(\mathbb{Z})$的定义，可得：

$$\sum_{j=1}^{m} \mathrm{E}\left\{\left[I(\Lambda_j(\mathbb{Z}) < \varphi(c_\alpha)) - I(T_j(\mathbb{Z}) < c)\right]\right.$$
$$\left.\left[\Pr(\theta_j = 0|\mathbb{Z},\ v) - \varphi(c_\alpha)\Pr(\theta_j = 1|\mathbb{Z},\ v)\right]\right\} \geqslant 0。 \tag{7-10}$$

结合式（7-9）和（7-10）可得：

$$(\varphi(\alpha)-\varphi(c_\alpha))\sum_{j=1}^{m} \mathrm{E}\left\{\left[I(\Lambda_j(\mathbb{Z})<\varphi(c_\alpha))-I(T_j(\mathbb{Z})<c)\right]Pr(\theta_j=1|\mathbb{Z},\ v)\right\}\leqslant 0。 \tag{7-11}$$

由

$$\sum_{j=1}^{m} \mathrm{E}\left\{I(\Lambda_j(\mathbb{Z})<\varphi(c_\alpha))\left[Pr(\theta_j=0|\mathbb{Z},\ v)-\varphi(c_\alpha)Pr(\theta_j=1|\mathbb{Z},\ v)\right]\right\}<0,$$

以及式（7-7），可得：

$$\varphi(\alpha) = \frac{\sum_{j=1}^{m} \mathrm{E}\left\{I(\Lambda_j(\mathbb{Z}) < \varphi(c_\alpha))Pr(\theta_j = 0|\mathbb{Z},\ v)\right\}}{\sum_{j=1}^{m} \mathrm{E}\left\{I(\Lambda_j(\mathbb{Z}) < \varphi(c_\alpha))Pr(\theta_j = 1|\mathbb{Z},\ v)\right\}} < \varphi(c_\alpha)。 \tag{7-12}$$

由式（7-11）和（7-12）可得

$$\sum_{j=1}^{m} \mathrm{E}\left\{I(\Lambda_j(\mathbb{Z}) < \varphi(c_\alpha))\Pr(\theta_j = 1|\mathbb{Z},\ v)\right\} \geqslant$$
$$\sum_{j=1}^{m} \mathrm{E}\left\{I(T_j(\mathbb{Z}) < c)\Pr(\theta_j = 1|\mathbb{Z},\ v)\right\}。$$

因此，

$$\frac{1}{\sum_{j=1}^{m} \mathrm{E}\left\{\Big(1 - I(\Lambda_j(\mathbb{Z}) < \varphi(c_\alpha))\Big) Pr(\theta_j = 1|\mathbb{Z}, \upsilon)\right\}} \geqslant \frac{1}{\sum_{j=1}^{m} \mathrm{E}\left\{\Big(1 - I(T_j(\mathbb{Z}) < c)\Big) Pr(\theta_j = 1|\mathbb{Z}, \upsilon)\right\}}。 \tag{7-13}$$

由式（7-10）可得：

$$\sum_{j=1}^{m} \mathrm{E}\left\{\Big(1 - I(\Lambda_j(\mathbb{Z}) < \varphi(c_\alpha))\Big)\Big[1 - (1 + \varphi(c_\alpha))\Big] Pr(\theta_j = 1|\mathbb{Z}, \upsilon)\right\}$$

$$\geqslant \sum_{j=1}^{m} \mathrm{E}\left\{\Big(1 - I(T_j(\mathbb{Z}) < c)\Big)\Big[1 - (1 + \varphi(c_\alpha))\Big] \Pr(\theta_j = 1|\mathbb{Z}, \upsilon)\right\}。$$

上式结合式（7-13）可得：

$$\frac{\sum_{j=1}^{m} \mathrm{E}\left\{\Big(1 - I(\Lambda_j(\mathbb{Z}) < \varphi(c_\alpha))\Big)\Big[1 - (1 + \varphi(c_\alpha))\Big] \Pr(\theta_j = 1|\mathbb{Z}, \upsilon)\right\}}{\sum_{j=1}^{m} \mathrm{E}\left\{\Big(1 - I(\Lambda_j(\mathbb{Z}) < \varphi(c_\alpha))\Big) \Pr(\theta_j = 1|\mathbb{Z}, \upsilon)\right\}}。$$

因此，成立

$$\frac{1 - (1 + \varphi(c_\alpha))\mathrm{mFNR}(\delta(\Lambda(\mathbb{Z}), \varphi(c_\alpha)))}{\mathrm{mFNR}(\delta(\Lambda(\mathbb{Z}), \varphi(c_\alpha)))} \geqslant \frac{1 - (1 + \varphi(c_\alpha))\mathrm{mFNR}(\delta(T(\mathbb{Z}), c))}{\mathrm{mFNR}(\delta(T(\mathbb{Z}), c))}。$$

注意到$\frac{1 - (1 + \varphi(c_\alpha))x}{x}$关于$x$严格单调减少，并且

$$\delta(\mathrm{HLIS}(\mathbb{Z}), c_\alpha) = \delta(\Lambda(\mathbb{Z}), \varphi(c_\alpha)),$$

因此，成立

$$\mathrm{mFNR}(\delta(\mathrm{HLIS}(\mathbb{Z}), c_\alpha)) \leqslant \mathrm{mFNR}(\delta(T(\mathbb{Z}), c))。$$

定理7.3的证明

证明：“神谕”的HLIS方法的FDR可展开为

$$\mathrm{FDR}_{\mathrm{HLIS}} = \mathrm{E}_{\{\theta_i\}_{i=1}^m,\ \{Z_i\}_{i=1}^m}\left\{\frac{\sum_{j=1}^{m} I(\mathrm{HLIS}_j(\mathbb{Z}) < c^*)(1-\theta_j)}{\sum_{j=1}^{m} I(\mathrm{HLIS}_j(\mathbb{Z}) < c^*)}\right\}$$

$$= \mathrm{E}_{\{Z_i\}_{i=1}^m}\left\{\frac{\sum_{j=1}^{m} I(\mathrm{HLIS}_j(\mathbb{Z}) < c^*)\mathrm{HLIS}_j(\mathbb{Z})}{\sum_{j=1}^{m} I(\mathrm{HLIS}_j(\mathbb{Z}) < c^*)}\right\}。$$

注意到，对任何$\{Z_i\}_{i=1}^m = \{z_i\}_{i=1}^m$，截断$c^*$满足条件$\mathrm{HLIS}_{(l)} < c^* \leqslant \mathrm{HLIS}_{(l+1)}$，

其中

$$l = \max\left\{i: \frac{1}{i}\sum_{j=1}^{i}\mathrm{HLIS}_{(j)} \leqslant \alpha\right\}。$$

因此，成立

$$\mathrm{FDR}_{\mathrm{HLIS}} = \sum_{\{z_i\}_{i=1}^m}\left\{\frac{1}{i}\sum_{j=1}^{i}\mathrm{HLIS}_{(j)}\right\}\Pr(\{Z_i\}_{i=1}^m = \{z_i\}_{i=1}^m) \leqslant \alpha。$$

7.4 数据驱动的HLIS方法

在实际数据分析中，分层隐马尔可夫模型的参数通常是未知的。本节将介绍估计分层隐马尔可夫模型参数的EM算法。通过将估计参数替换为未知参数，可得估计的HLIS统计量。记$\hat{\mathrm{L}}_{(1)}$，…，$\hat{\mathrm{L}}_{(m)}$为从小到大排序的估计的HLIS统计量，记$H_{(1)}$，…，$H_{(m)}$为顺序估计HLIS统计量对应的零假设，则数据驱动的HLIS方法执行过程如下：

令$l = \max\left\{i: \frac{1}{i}\sum_{j=1}^{i}\hat{\mathrm{L}}S_{(j)} \leqslant \alpha\right\}$，则拒绝$H_{(j)}$，$j = 1$，…，$l$。

需要强调的是，对零假设不真情况下的PDF估计方法并不唯一。

这里介绍一种非参数核密度估计的方法（Silverman，2018）。具体而言，f_1可由下式估计

$$\hat{f}_1(z)=\frac{\sum_{j=1}^{m}\gamma_j(1)K_h(z-z_j)}{\sum_{j=1}^{m}\gamma_j(1)},$$

其中$\gamma_j(1)=\Pr(\theta_j=1|\{z_i\}_{i=1}^{m},\ \boldsymbol{\upsilon})$，$K_h(\cdot)$为窗宽为$h$的高斯核函数。

本节接下来给出EM算法的具体步骤，如算法7-1所示。

算法 7-1：估计分层隐马尔可夫模型参数的 EM 算法

输入：观测序列 $\{z_i\}_{i=1}^{m}$.

输出：分层隐马尔可夫模型的参数 $\boldsymbol{\vartheta}=(\boldsymbol{\pi},\boldsymbol{c},\boldsymbol{\mathcal{A}},\boldsymbol{\mathcal{B}},\boldsymbol{\mathcal{F}})$.

步骤 1：初始化 $\boldsymbol{\vartheta}^{(0)}=(\boldsymbol{\pi}^{(0)},\boldsymbol{c}^{(0)},\boldsymbol{\mathcal{A}}^{(0)},\boldsymbol{\mathcal{B}}^{(0)},\boldsymbol{\mathcal{F}}^{(0)})$.

步骤 2（E 步）：计算下列变量.

(a) $\alpha_j^{(t-1)}(p,k)=\Pr(\theta_j=p,\eta_j=k,\{z_i\}_{i=1}^{j}\mid\boldsymbol{\vartheta}^{(t-1)})$;

(b) $\beta_j^{(t-1)}(p,k)=\Pr(\{z_i\}_{i=j+1}^{m}\mid\theta_j=p,\eta_j=k,\boldsymbol{\vartheta}^{(t-1)})$;

(c) $\xi_j^{(t-1)}(p,q,k,l)=\Pr(\theta_j=p,\theta_{j+1}=q,\eta_j=k,\eta_{j+1}=l\mid\{z_i\}_{i=1}^{m},\boldsymbol{\vartheta}^{(t-1)}$

(d) $\phi_1^{(t-1)}(k)=\Pr(\eta_1=k\mid\{z_i\}_{i=1}^{m},\boldsymbol{\vartheta}^{(t-1)})$;

(e) $\nu_j^{(t-1)}(k,l)=\Pr(\eta_j=k,\eta_{j+1}=l\mid\{z_i\}_{i=1}^{m},\boldsymbol{\vartheta}^{(t-1)})$;

(f) $\zeta_j^{(t-1)}(p,q,k)=\Pr(\theta_j=p,\theta_{j+1}=q,\eta_{j+1}=k\mid\{z_i\}_{i=1}^{m},\boldsymbol{\vartheta}^{(t-1)})$;

(g) $\rho_1^{(t-1)}(p,k)=\Pr(\theta_1=p,\eta_1=k\mid\{z_i\}_{i=1}^{m},\boldsymbol{\vartheta}^{(t-1)})$;

(h) $\gamma_j^{(t-1)}(p)=\Pr(\theta_j=p\mid\{z_i\}_{i=1}^{m},\boldsymbol{\vartheta}^{(t-1)})$,

其中，$p,q=0,1,\ k,l=1,\cdots,K,\ j=1,\cdots,m$.

步骤 3（M 步）：更新下列参数.

(a) $\pi_k^{(t)}=\phi_1^{(t-1)}(k)$;

(b) $c_p^{(t)}(k)=\rho_1^{(t-1)}(p,k)/\sum_{q=0}^{1}\rho_1^{(t-1)}(q,k)$;

(c) $a_{pq}^{(t)}(k)=\sum_{j=1}^{m-1}\zeta_j^{(t-1)}(p,q,k)/\sum_{j=1}^{m-1}\sum_{r=0}^{1}\zeta_j^{(t-1)}(p,r,k)$;

(d) $b_{kl}^{(t)}=\sum_{\{j:j|S=0\}}\xi_j^{(t-1)}(k,l)/\sum_{\{j:j|S=0\}}\sum_{s=1}^{K}\xi_j^{(t-1)}(k,s)$;

(e) $f_p^{(t)}(z)=\sum_{j=1}^{m}\gamma_j^{(t-1)}(p)K_h(z-z_j)/\sum_{j=1}^{m}\gamma_j^{(t-1)}(p)$,

其中，$p,q=0,1,\ k,l=1,\cdots,K$.

步骤 4：依次迭代步骤 2 和步骤 3.

7.5 模拟研究

本节主要研究“神谕”的HLIS方法、数据驱动的HLIS方法、BH方法、Lfdr方法以及LIS方法在数值模拟中的表现。与前几章的模拟思路相似，本节将从多个角度比较这些多重检验方法。首先，探究这些方法是否能够将FDR控制在预设的显著性水平之内。其次，比较这些方法在相同FDR水平下的FNR。通常情况下，如果一个有效的多重检验方法（能够将FDR控制在预设水平）具有较高的功效，那么其FNR也较低。根据生成模拟数据的机制，本节将模拟分为两部分。第一部分的模拟数据是通过分层隐马尔可夫模型生成的，而第二部分的模拟数据则是通过更真实的数据生成方法获得的。实现HLIS方法的R代码链接为https://github.com/wpf19890429/Multiple-Testing-in-Genome-Wide-Association-Studies-via-Hierarchical-Hidden-Markov-Models内。

7.5.1 模拟研究一

在模拟研究一中，模拟数据由分层隐马尔可夫模型生成。根据染色体区域的类型数量，模拟研究一可分为$K=2$和$K=3$两种情形。观测序列$\{z_i\}_{i=1}^m$由两成分混合模型（7-6）生成，其中$F_0\sim N(0,1)$并且$F_1\sim\lambda N(\mu_1,1)+(1-\lambda)N(2,1)$。不失一般性，$m$和$S$分别固定为9000和30。所有模拟结果均基于200次重复。

情形一（$K=2$）

在情形一中，染色体区域的潜在类型序列$\{\eta_i\}_{i=1}^m$由分块马尔可夫链产生，其初始概率为$\pi=(0.5,0.5)$，并且分块状态转移矩阵为：

$$B = \begin{pmatrix} 0.9 & 0.1 \\ b_{21} & 1 - b_{21} \end{pmatrix}。$$

零假设的潜在状态序列 $\{\theta_i\}_{i=1}^{m}$ 的条件初始概率为：

$$C = \begin{pmatrix} 0.5 & 0.5 \\ 0.5 & 0.5 \end{pmatrix},$$

并且状态转移概率为：

$$A_1 = \begin{pmatrix} 0.9 & 0.1 \\ a_{10}(1) & 1 - a_{10}(1) \end{pmatrix},\ A_2 = \begin{pmatrix} 0.3 & 0.7 \\ 0.7 & 0.3 \end{pmatrix}。$$

考虑如下参数设置。

参数设置1：固定 $\lambda = 1$，$\mu_1 = 2$，$b_{21} = 0.1$，将 $a_{10}(1)$ 在0.1到0.2的范围内变化。

参数设置2：固定 $\lambda = 1$，$\mu_1 = 2$，$a_{10}(1) = 0.2$，将 b_{21} 在0.1到0.2的范围内变化。

参数设置3：固定 $\lambda = 1$，$b_{21} = 0.1$，$a_{10}(1) = 0.2$，将 μ_1 在1到2的范围内变化。

参数设置1至参数设置3的详细模拟结果见图7-2。从图7-2（a）、（c）和（e）可以观察到：（1）“神谕”的HLIS方法、数据驱动的HLIS方法和Lfdr方法可以较好地将FDR控制在0.1附近；（2）BH方法较为保守；（3）LIS方法在参数设置1至参数设置3中无效。LIS方法不可行的原因可能是因为一阶马尔可夫链不足以描述块状相关结构。需要指出的是，隐马尔可夫模型是分层隐马尔可夫模型的特殊情况，HLIS方法具有更广泛的适用性。从图7-2（b）、（d）和（f）面板可以看出：（1）“神谕”的HLIS方法和数据驱动的HLIS方法产生的FNR值非常接近，这表明数据驱动的HLIS方法可以很好地近似其“神谕”版本；（2）HLIS方法具有最小的FNR，其次是LIS方法、Lfdr方法和BH方法；（3）对于参数设置3中的 $\mu_1 = 1$ 时，所有方法的

FNR值相对接近，这是由于信号较弱，使得所有方法都不太有效。

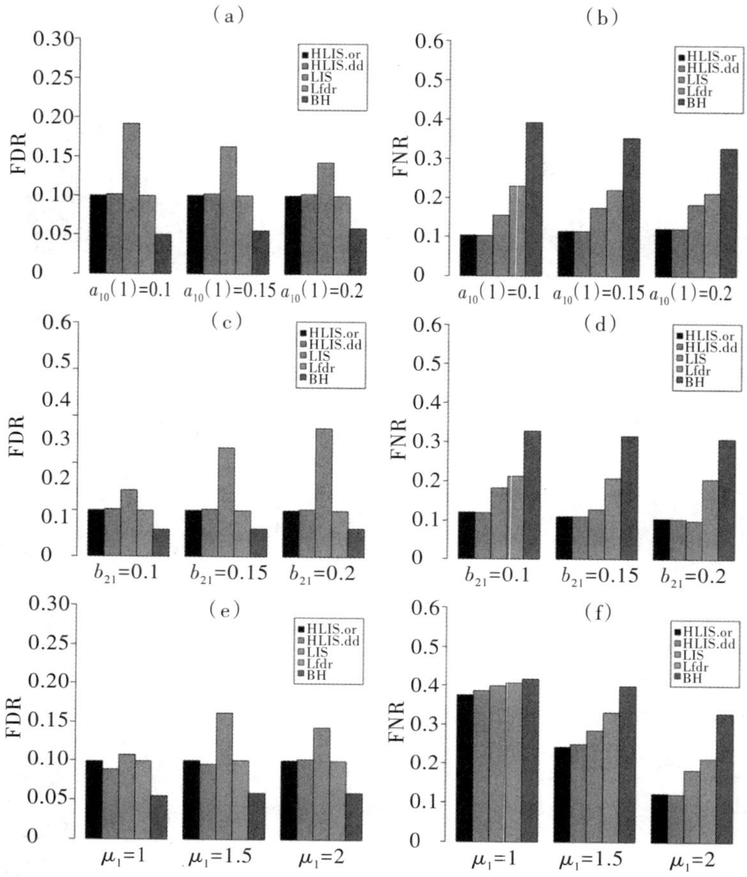

图7-2　参数设置1—3下的模拟结果

情形二（$K=3$）

在情形二中，染色体区域的潜在类型序列$\{\eta_i\}_{i=1}^{m}$由分块马尔可夫链产生，其初始概率为$\pi=(0.4, 0.3, 0.3)$，并且分块状态转移概率为：

$$B = \begin{pmatrix} 0.8 & 0.1 & 0.1 \\ b_{21} & 0.9 - b_{21} & 0.1 \\ 0.1 & 0.1 & 0.8 \end{pmatrix}。$$

零假设的潜在状态序列$\{\theta_i\}_{i=1}^m$的条件初始概率为：

$$C = \begin{pmatrix} 0.5 & 0.5 & 0.5 \\ 0.5 & 0.5 & 0.5 \end{pmatrix},$$

并且状态转移概率为：

$$A_1 = \begin{pmatrix} 0.9 & 0.1 \\ a_{10}(1) & 1 - a_{10}(1) \end{pmatrix},\ A_2 = \begin{pmatrix} 0.3 & 0.7 \\ 0.7 & 0.3 \end{pmatrix},\ A_3 = \begin{pmatrix} 0.7 & 0.3 \\ 0.2 & 0.8 \end{pmatrix}。$$

考虑如下参数设置：

参数设置4：固定$\lambda = 1$，$\mu_1 = 2$，$b_{21} = 0.1$，将$a_{10}(1)$在0.1到0.2的范围内变化。

参数设置5：固定$\lambda = 1$，$\mu_1 = 2$，$a_{10}(1) = 0.2$，将b_{21}在0.1到0.2的范围内变化。

参数设置6：固定$\lambda = 1$，$b_{21} = 0.1$，$a_{10}(1) = 0.2$，将μ_1在1到2的范围内变化。

相应的模拟结果见图7-3。从图7-3可以看出，除了LIS方法外，所有其他方法都可以将FDR控制在预设的显著性水平。虽然数据驱动HLIS方法的FDR值略高于0.1，但仍然可以接受。此外，我们可以看到HLIS方法在检验中达到了最高的功效。总的来说，我们可以得出与情形一相同的结论。

7.5.2 模拟研究二

在模拟研究二中，我们在更真实的模拟数据上检验HLIS方法的数值性能。具体来说，通过随机匹配HapMap3收集的JPT+CHB（日本东京的日本人和中国北京的汉族人）受试者的340个单倍型来构建一个基因型库。不失一般性，从第7条染色体的一个区域中选出8个

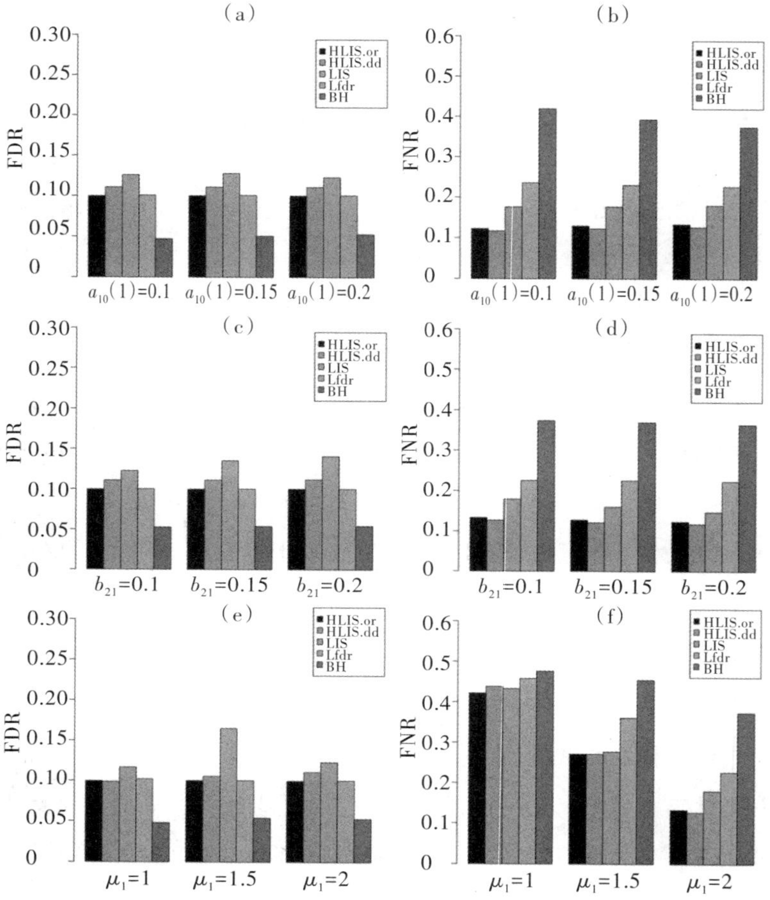

图7-3 参数设置4—6下的模拟结果

SNP（共9 000个SNP）作为与疾病或性状相关的SNP，其中4个被选中的SNP（第2 000个、第2 500个、第3 000个和第3 500个）相距较远，另外4个SNP（第6 000个、第6 010个、第6 020个和第6 030个）距离较近。直观地说，有3个区域的染色体（2 000—3 500，6 000—6 030及其他）。因此，在模拟研究二中采用$K=3$的HLIS方法。疾病或性状的状态Y由逻辑回归模型生成：

$$\log\frac{Pr(Y=1|G)}{1-Pr(Y=1|G)}=\beta_0+\sum_{i=1}^{8}\beta_i G_i,$$

其中 $G=(G_1, G_2, \cdots, G_8)$ 并且 $G_i=0, 1, 2$ 为第 i 个 SNP 所对应的基因型。令 $\beta_0=-5$ 并且 $\beta_1=\beta_2=\cdots, =\beta_8=\log(2)$，则患病率可控制在 0.03 附近。多重检验方法的数值性能通过前 k 个 SNP 中关联 SNP 的选择率来评估。这里，关联 SNP 是指位于被选中的 SNP 两侧的 5 个相邻 SNP。相应的模拟结果显示在图 7-4 中。在图 7-4 中，横轴表示选择前多少个 SNP，纵轴表示在前 k 个 SNP 中关联 SNP 所占的比例，该比例又被称为灵敏度。从图 7-4 可以看出，HLIS 方法的灵敏度曲线始终高于其他方法。这说明 HLIS 方法具有更高的排序效率。

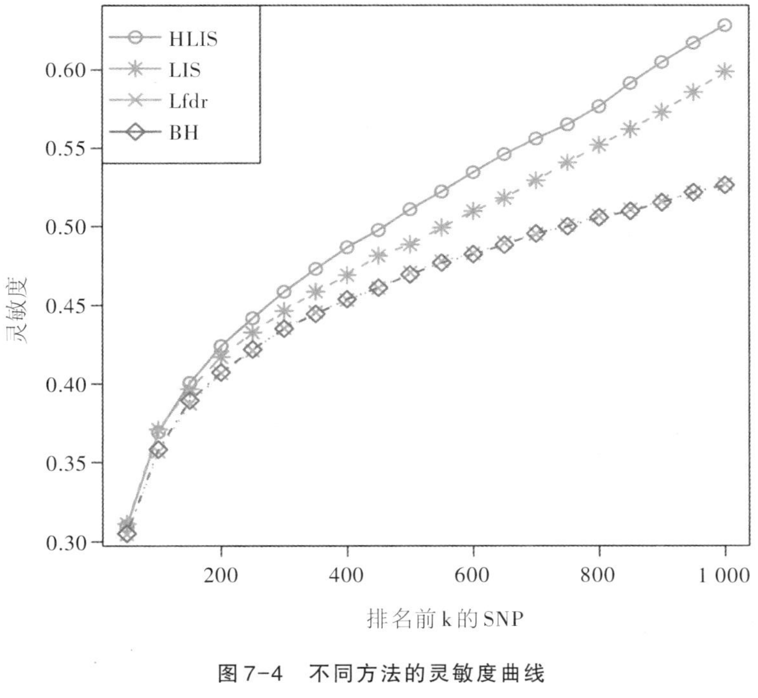

图 7-4　不同方法的灵敏度曲线

7.6 实际数据分析

精神分裂症（Schizophrenia，SCZ）是一种对公众健康有重大影响的遗传性疾病。Lichtenstein等（2006）指出：遗传变异在SCZ的病因学中起着重要作用。为了进一步验证HLIS方法在实际应用中的有效性，本节将HLIS方法应用于检测与SCZ相关联的SNP。本节使用的SCZ数据由精神病遗传学联合会（Psychiatric Genetics Consortium，PGC）收集，并可在https://www.med.unc.edu/pgc/download-results/scz/网站上公开获取。该SCZ数据包括来自瑞典的5 001例SCZ病例和6 243例对照组个体，以及来自PGC SCZ独立样本中的8 832例SCZ病例和12 067例对照组个体（Ripke等，2013）。统计量的计算公式如下

$$z_i = \log(OR_i)/SE_i,$$

其中OR_i是第i效应等位基因的优势比，SE_i是$\log(OR_i)$的标准差。仅出于说明目的，我们将注意力限制在检测22号染色体上与SCZ相关的SNP上。需要注意的是：染色体区域类型的个数K和非零假设概率密度函数的混合成分个数L在实际中是未知的。为了解决这个问题，我们使用贝叶斯信息准则（Bayesian Information Criterion，BIC）分别为HLIS方法和LIS方法选择K和L。通过比较BIC值，K和L都被选择为2。

详细结果如图7-5所示。该图显示了不同方法在目标FDR水平下识别出的显著SNP的个数。从图7-5可以看出，HLIS方法在不同的FDR水平下识别出更多与SCZ相关的SNP。Lfdr方法性能表现较差的原因可能是没有考虑局部相依性而导致非零假设所占比例的估计不准确。总的来说，这些结果表明，通过利用分层隐马尔可夫模型，

HLIS方法功效更高。

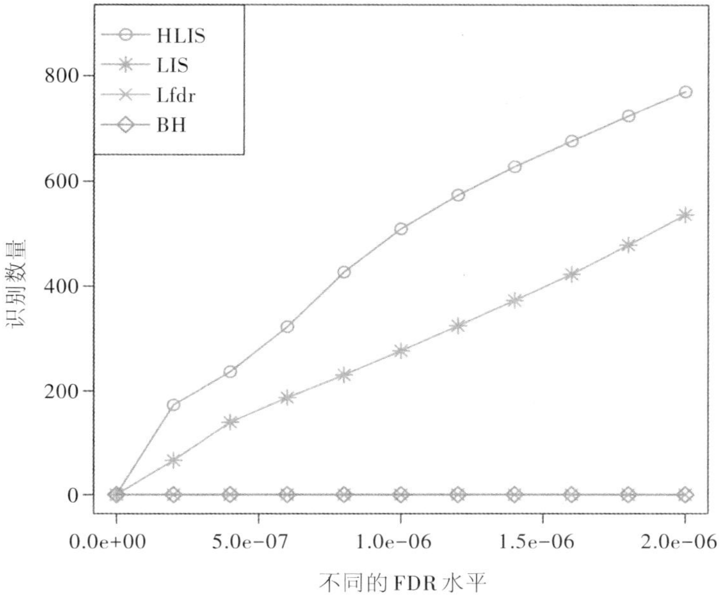

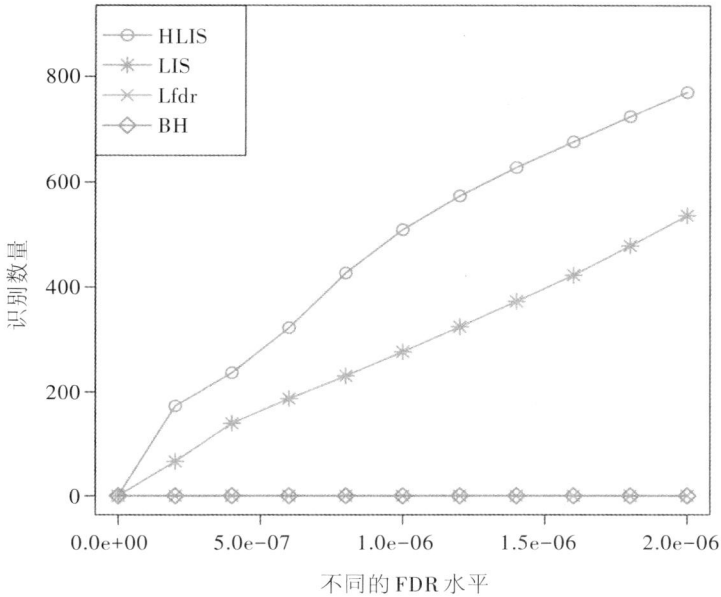

图7-5　SCZ数据分析结果

7.7　本章小结

本章的内容主要基于Wang和Tian（2024）的研究，介绍了一种基于分层隐马尔可夫模型的多重检验方法。传统方法未能有效利用SNP之间的序列相依性，限制了检验效率和结果的解释性。HHMM通过在隐马尔可夫模型的基础上引入额外的隐藏层，不仅能够对局部相关性建模，还可以根据染色体区域的特性进行自动划分。基于HHMM定义的HLIS统计量，"神谕"的HLIS方法可以在控制mFDR于预设显著性水平的同时，最小化mFNR，从而在理论上实现最优性能。为了解决实际应用中参数未知的问题，我们介绍了数据驱动的

HLIS方法，利用EM算法估计HHMM参数，并采用高斯核密度估计非零假设的概率密度函数，从而实现灵活的参数估计和模型适配。这一改进使得HLIS方法在复杂基因组数据中具有更强的实用性，不仅能够处理大规模多重检验问题，还能有效识别与疾病相关的SNP。通过模拟研究和实际数据分析，我们验证了HLIS方法的优越性。在模拟研究中，HLIS方法在FDR控制和检验效率方面显著优于传统方法（如BH、LIS和Lfdr方法）。在真实的SCZ数据分析中，HLIS方法检出更多与疾病相关的SNP，充分体现了该方法的应用价值。

HLIS方法具有广泛的扩展潜力，包括以下几个方向：一是引入非齐次马尔可夫链，以更精准地建模检验间的复杂相依性，适应可能存在的异质性场景；二是优化参数估计算法，例如替代当前的EM算法，采用贝叶斯采样方法，从而提高估计的稳定性和准确性；三是引入更灵活的分布模型（如两参数Poisson-Dirichlet过程），以增强方法在处理非标准分布数据时的适应性。这些扩展方向不仅能够提升HLIS方法的适用性，还可以增强其在复杂数据分析任务中的鲁棒性和效率。

第8章

基于协变量调整的隐马尔可夫模型的大范围多重检验方法

本章主要介绍一种基于协变量调整的隐马尔可夫模型（Covariate Modulated Hidden Markov Model，CMHMM）的大范围多重检验方法。该方法不仅可以较好地刻画检验之间的序列相依性，并且可以适应协变量效应的影响。

8.1 引言

近年来，大范围相依多重检验逐渐成为统计学研究者关注的热点。HMM作为一种可有效对局部相依结构建模的工具，已被广泛应用于语音识别、生物信息学、金融等各个领域（Zucchini和MacDonald，2009）。Sun和Cai（2009）首次将HMM应用于大范围相依多重检验，并提出一种大范围相依多重检验方法——LIS方法。Sun和Cai（2009）指出LIS方法不仅可将FDR控制在预设的显著性水平，还可较好地描述检验之间的序列相依性。目前，研究者已提出一系列改进的LIS方法。例如，Wang等（2019）基于贝叶斯框架扩展了LIS方法，并利用狄利克雷过程（Dirichlet Process）先验对非零假设对应的PDF进行估计。LIS方法的其他改进可以参看Wei等（2009）、Liu等（2016）以及Wang和Wang（2024）等。需要强调的是，上述方法均未能充分考虑协变量效应的影响。在实际应用中，大范围多重检验问题通常伴随着各种协变量效应。例如，Wang等（2006）指出，一些复杂疾病的发病机制（如哮喘、双相情感障碍和酗酒）不仅依赖于遗传效应，而且还依赖于协变量。因此，有必要研究和开发检验之间序列相依性和协变量效应的大范围多重检验方法。

8.2 多重检验框架下的协变量调整的隐马尔可夫模型

考虑同时检验 m 个零假设 $\{H_i\}_{i=1}^m$，设 $\{\theta_i\}_{i=1}^m$ 为零假设的潜在状态序列，其中

$$\theta_i = \begin{cases} 0，如果第i个零假设为真， \\ 1，否则。 \end{cases}$$

设 $\{z_i\}_{i=1}^m$ 为 m 个零假设对应的观测，其中 z_i 为第 i 个零假设对应的 z 值（Wei 等，2009）或第 i 个零假设对应的检验统计量（Liu 等，2016）。令 $\mathbf{x}_i=(1, x_{i1}, \cdots, x_{ir})^T$ 为第 i 个检验对应的 $r+1$ 维协变量向量。假设零假设的潜在状态序列 $\{\theta_i\}_{i=1}^m$ 是一个平稳的、不可约的、非周期的马尔可夫链，其状态转移概率为

$$a_{pq} = Pr(\theta_{i+1} = q|\theta_i = p), \ p, \ q = 0, \ 1。 \tag{8-1}$$

假设观测序列 $\{Z_i\}_{i=1}^m$ 在给定零假设潜在状态序列 $\{\theta_i\}_{i=1}^m$ 和协变量向量序列 $\{\mathbf{x}_i\}_{i=1}^m$ 的条件下相互独立，即

$$Pr(\{Z_i\}_{i=1}^m|\{\theta_i\}_{i=1}^m, \ \{\mathbf{x}_i\}_{i=1}^m) = \prod_{i=1}^m Pr(Z_i|\theta_i, \ \mathbf{x}_i)。 \tag{8-2}$$

进一步，假设 Z_i 服从两成分混合模型：

$$Z_i|\theta_i, \ \mathbf{x}_i \sim (1-\theta_i)F_0 + \theta_i F_{1, \mathbf{x}_i}, \tag{8-3}$$

其中 $F_0 \sim N(0, \sigma_0^2)$ 并且 $F_{1, \mathbf{x}_i}$ 为混合正态分布 $\sum_{j=1}^L \pi_j N(\mathbf{x}_i^T\gamma_j, \ \sigma_j^2)$。这里，$\gamma_j = (\gamma_{0j}, \gamma_{1j}, \cdots, \gamma_{rj})^T$，$j=1, \cdots, L$ 为参数向量。相应地，记 f_0 和 $f_{1, \mathbf{x}_i}$ 分别为 F_0 和 $F_{1, \mathbf{x}_i}$ 对应的 PDF。由式（8-1）—（8-3）确定的概率图模型为多重检验框架下的协变量调整的隐马尔可夫模型（Covariate Modulated Hidden Markov Model，CMHMM），其结构如图 8-1 所示。

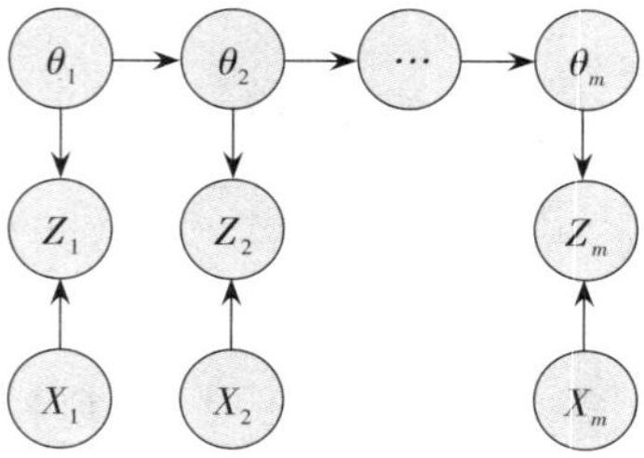

图 8-1　协变量调整的隐马尔可夫模型的示意图

8.3　“神谕”的cmLIS方法

8.3.1　cmLIS统计量

在8.3节中，假设CMHMM的参数均已知。基于CMHMM，定义第 k 个检验对应的协变量调整的局部显著性指标（Covariate Modulated Local Index of Significance，cmLIS）[①]为：

$\mathrm{cmLIS}_k = \Pr(\theta_k = 0 | \{z_i\}_{i=1}^m, \{\mathbf{x}_i\}_{i=1}^m)$。

cmLIS统计量可被看作适应协变量 $\{\mathbf{x}_i\}_{i=1}^m$ 效应的LIS统计量。通过简单的数学推导，可得计算cmLIS统计量的前向-后向算法。具体而言，第 k 个检验对应的cmLIS统计量可表示为

$$\mathrm{cmLIS}_k = \frac{\alpha_k(0)\beta_k(0)}{\sum_{p=0}^{1}\alpha_k(p)\beta_k(p)},$$

其中 $\alpha_k(p) = \Pr(\theta_k = p, \{z_i\}_{i=1}^k | \{\mathbf{x}_i\}_{i=1}^m)$ 和 $\beta_k(p) = \Pr(\{z_i\}_{i=k+1}^m | \theta_k = p, \{\mathbf{x}_i\}_{i=1}^m)$ 分别为前向变量和后向变量。由前向-后向算法得

$$\alpha_{k+1}(p) = \sum_{q=0}^{1} f_{p,\mathbf{x}_{k+1}}(z_{k+1})\alpha_k(q)a_{qp},$$

① 为了配合书中公式，Covariate-Modulated Local Index of Significance 简写为cmLIS。

和

$$\beta_k(p) = \sum_{q=0}^{1} f_{q,\,\mathbf{x}_{k+1}}(z_{k+1})\beta_{k+1}(q)a_{pq},$$

其中$\alpha_1(p) = \Pr(\theta_1 = p)f_{p,\,\mathbf{x}_1}(z_1)$，$\beta_m(p) = 1$，$p = 0$，$1$，$f_{0,\,\mathbf{x}_{k+1}}(z_{k+1}) = f_0(z_{k+1})$，以及$f_{1,\,\mathbf{x}_{k+1}}(z_{k+1}) = \Pr(z_{k+1}|\theta_{k+1} = 1,\ \mathbf{x}_{k+1})$。

8.3.2 “神谕”的cmLIS方法及其性质

类似于LIS方法，记$\mathrm{cmLIS}_{(1)}$，…，$\mathrm{cmLIS}_{(m)}$为从小到大排序的cmLIS统计量，记$H_{(1)}$，…，$H_{(m)}$为顺序cmLIS统计量对应的零假设。“神谕”的cmLIS方法的执行过程如下：

令$l = \max\left\{i: \frac{1}{i}\sum_{j=1}^{i}\mathrm{cmLIS}_{(j)} \leqslant \alpha\right\}$，则拒绝$H_{(j)}$，$j = 1$，…，$l$。

本节接下来介绍“神谕”的cmLIS方法的性质。令

$$\Lambda_j(\{\mathrm{z}_i\}_{i=1}^m,\ \{\mathbf{x}_i\}_{i=1}^m) = \frac{Pr(\theta_j = 0|\{\mathrm{z}_i\}_{i=1}^m,\ \{\mathbf{x}_i\}_{i=1}^m)}{Pr(\theta_j = 1|\{\mathrm{z}_i\}_{i=1}^m,\ \{\mathbf{x}_i\}_{i=1}^m)},\ j = 1,\ \cdots,\ m,$$

并且记$\Lambda_j(\{\mathrm{z}_i\}_{i=1}^m,\ \{\mathbf{X}_i\}_{i=1}^m)$为相应的随机变量。注意到

$$\Lambda_j(\{\mathrm{z}_i\}_{i=1}^m,\ \{\mathbf{x}_i\}_{i=1}^m) = \mathrm{cmLIS}_j/(1 - \mathrm{cmLIS}_j),$$

所以$\Lambda_j(\{\mathrm{z}_i\}_{i=1}^m,\ \{\mathbf{x}_i\}_{i=1}^m)$关于$\mathrm{cmLIS}_j$严格单调增加。我们只需证明基于$\Lambda_j(\{\mathrm{z}_i\}_{i=1}^m,\ \{\mathbf{x}_i\}_{i=1}^m)$的多重检验方法是最优的并且存在一个截断，使得mFDR控制在预设水平。记基于$\Lambda_j(\{\mathrm{Z}_i\}_{i=1}^m,\ \{\mathbf{X}_i\}_{i=1}^m)$的多重检验决策规则为：

$$\delta(\Lambda,\ c_\alpha) = \{I(\Lambda_1(\{Z_i\}_{i=1}^m,\ \{\mathbf{X}_i\}_{i=1}^m) < c_\alpha),\ \cdots,\ I(\Lambda_m(\{Z_i\}_{i=1}^m,\ \{\mathbf{X}_i\}_{i=1}^m) < c_\alpha)\},$$

其中c_α为显著性水平α对应的截断。定理8.1表明，存在一个截断c_α，使得

$$\mathrm{mFDR}(\delta(\Lambda,\ c_\alpha)) = \alpha。$$

并且决策规则$\delta(\Lambda, c_\alpha)$在mFDR为$\alpha$的水平下使得mFNR达到最小。

定理8.1 考虑多重检验框架下的协变量调整的隐马尔可夫模型（8-1）—（8-3），我们有，

（1）存在一个截断c_α，使得$\mathrm{mFDR}(\delta(\Lambda, c_\alpha)) = \alpha$，即

$$\frac{\mathrm{E}\left[\sum_{j=1}^{m} I(\Lambda_j(\{Z_i\}_{i=1}^m, \{\mathbf{X}_i\}_{i=1}^m) < c_\alpha)(1-\theta_j)\right]}{\mathrm{E}\left[\sum_{j=1}^{m} I(\Lambda_j(\{Z_i\}_{i=1}^m, \{\mathbf{X}_i\}_{i=1}^m) < c_\alpha)\right]} = \alpha,$$

（2）决策规则$\delta(\Lambda, c_\alpha)$在mFDR为$\alpha$的水平下使得mFNR达到最小，即，对于所有使得$\mathrm{mFDR}(\delta(T^*, c^*)) \leqslant \alpha$的决策规则$\delta(T^*, c^*)$，成立

$$\frac{\mathrm{E}\left[\sum_{j=1}^{m}\left[I(\Lambda_j(\{Z_i\}_{i=1}^m, \{\mathbf{X}_i\}_{i=1}^m) \geqslant c_\alpha)\right]\theta_j\right]}{\mathrm{E}\left[\sum_{j=1}^{m}\left[I(\Lambda_j(\{Z_i\}_{i=1}^m, \{\mathbf{X}_i\}_{i=1}^m) \geqslant c_\alpha)\right]\right]} \leqslant \frac{\mathrm{E}\left[\sum_{j=1}^{m}\left[I(T_j^*(\{Z_i\}_{i=1}^m, \{\mathbf{X}_i\}_{i=1}^m) \geqslant c^*)\right]\theta_j\right]}{\mathrm{E}\left[\sum_{j=1}^{m}\left[I(T_j^*(\{Z_i\}_{i=1}^m, \{\mathbf{X}_i\}_{i=1}^m) \geqslant c^*)\right]\right]}。$$

下一个定理（定理8.2）表明，“神谕”的cmLIS方法可以将FDR控制在水平α以下。

定理8.2 考虑多重检验框架下的协变量调整的隐马尔可夫模型（8-1）—（8-3），“神谕”的cmLIS方法可以将FDR控制在水平α以下。

8.4 数据驱动的cmLIS方法

8.4.1 数据驱动的cmLIS方法

在实际数据分析中，CMHMM的参数通常是未知的。本节（8.4节）介绍两种估计参数的贝叶斯抽样算法。记$\hat{\mathrm{L}}_j$，$j=1$，…，m为利用估计参数替代真实参数的cmLIS统计量。记$\hat{\mathrm{L}}_{(1)}$，…，$\hat{\mathrm{L}}_{(m)}$为从小到大排序的$\hat{\mathrm{L}}S$统计量，记$H_{(1)}$，…，$H_{(m)}$为相应的零假设。数据驱动的cmLIS方法的执行过程如下：

令$l=\max\left\{i:\frac{1}{i}\sum_{j=1}^{i}\hat{\mathrm{L}}S_{(j)}\leqslant\alpha\right\}$，则拒绝$H_{(j)}$，$j=1$，…，$l$。

8.4.2 CMHMM的参数估计

本节主要考虑两种情形（混合正态数量L已知和未知）下的CMHMM的参数估计问题。针对这两种不同的情形，本节分别介绍两种贝叶斯抽样算法。

情形一：L已知下的贝叶斯抽样算法

考虑多重检验框架下的式（8-1）—（8-3），并假设正态混合成分的个数L已知。记$\vartheta=(A,\ \sigma_0^2,\ \{\pi_j,\ \gamma_j,\ \sigma_j^2\}_{j=1}^{L})$为CMHMM的参数，其中$\boldsymbol{\gamma}_j=(\gamma_{0j},\ \gamma_{1j},\ \cdots,\ \gamma_{rj})^T$以及$A=(a_{pq})_{2\times 2}$。首先确定参数的先验分布，然后介绍一种用于后验估计的抽样算法。

由于状态转移概率矩阵A由a_{00}和a_{11}唯一确定，因此只需给出a_{00}和a_{11}的先验分布。具体而言，选择如下先验分布：

$a_{00}\sim\mathrm{Beta}(a_A,\ b_A)$,

$a_{11}\sim\mathrm{Beta}(a_A,\ b_A)$,

$\sigma_0^2 \sim \text{InverseGamma}(a_\sigma,\ b_\sigma)$,

$\pi \sim \text{Dirichlet}(\mathbf{c})$,

$\gamma_j \sim \text{Uniform}$,

$\sigma_j^2 \sim \text{InverseGamma}(a_\sigma,\ b_\sigma)$,

其中 $\text{Beta}(a_A,\ b_A)$表示贝塔分布，$\text{InverseGamma}(a_\sigma,\ b_\sigma)$表示形状参数为$a_\sigma$且尺度参数为$b_\sigma$的逆伽马分布，并且$\text{Dirichlet}(\mathbf{c})$表示具有参数$\mathbf{c}=(c_1,\ \cdots,\ c_L)$的狄利克雷分布。在模拟研究和实际数据分析中，我们均固定超参数$a_\sigma=2$和$b_\sigma=1$。根据 Gassiat和Rousseau（2014）中的检验，我们设定$a_A=b_A=3$以及$\mathbf{c}=(3,\ \cdots,\ 3)$。

由于零假设的潜在状态序列$\{\theta_i\}_{i=1}^m$不可观测，因此直接使用标准贝叶斯方法从后验分布中抽样不可行。注意到，$\{\theta_i\}_{i=1}^m$可被看作缺失数据。引入辅助变量序列$\{\xi_i\}_{i=1}^m$。若$z_i \sim N(\mathbf{x}_i^T\gamma_j,\ \sigma_j^2)$，则$\xi_i=j$；若$z_i \sim N(0,\ \sigma_0^2)$，则$\xi_i=0$。我们采用数据增广策略（Data Augmentation Strategy）将抽样算法分为两个迭代步骤：给定$\{\xi_i\}_{i=1}^m$的条件下抽样ϑ和给定ϑ的条件下抽样$\{\xi_i\}_{i=1}^m$。具体而言，在L已知的情形下，估计CMHMM参数的贝叶斯抽样算法如算法8-1所示。

情形二：L未知情况下的贝叶斯抽样算法

在实际数据分析中，混合正态数量L通常是未知的。为了处理这个问题，我们将非零假设下观测的分布$F_{1,\ \mathbf{x}_i}$指定为一个无限混合模型，该混合模型由Dirichlet过程（Ferguson，1973）来描述。这种混合模型被称为Dirichlet过程混合（Dirichlet Process Mixture，DPM）模型（Antoniak，1974；Ishwaran和Zarepour，2002）。有关Dirichlet过程的简要概述，请参阅Teh等（2006）。Yau等（2011）提出一种用于基因组分析的非参数HMM，并使用DPM建模。受Yau等（2011）的基础工作的启发，我们采用了非参数贝叶斯方法来估计协变量调整的隐马尔可夫模型的参数。

算法8-1: 估计协变量调整的隐马尔可夫模型参数的贝叶斯抽样算法

输入: 观测序列 $\{z_i\}_{i=1}^m$ 和协变量序列 $\{\boldsymbol{x}_i\}_{i=1}^m$.

输出: 协变量调整的隐马尔可夫模型的参数的后验抽样。

步骤1: 初始化 $\vartheta^{(0)}=(\mathcal{A}^{(0)},\sigma_0^{2(0)},\{\pi_j^{(0)},\boldsymbol{\gamma}_j^{(0)},\sigma_j^{2(0)}\}_{j=1}^L)$ 和 $\{\xi_i^{(0)}\}_{i=1}^m$.

步骤2: (给定 $\{\xi_i^{(t-1)}\}_{i=1}^m$ 的条件下抽样 $\vartheta^{(t)}$)

(a) 抽样 $a_{00}^{(t)} \sim \text{Beta}(a_{\mathcal{A}}+n_{00}^{(t-1)},b_{\mathcal{A}}+n_{01}^{(t-1)})$ 和 $a_{11}^{(t)} \sim \text{Beta}(a_{\mathcal{A}}+n_{11}^{(t-1)},b_{\mathcal{A}}+n_{10}^{(t-1)})$;

(b) 抽样 $\sigma_0^{2(t)} \sim \text{InverseGamma}(a_\sigma+n_0^{(t-1)}/2,b_\sigma+\sum\limits_{i:\xi_i^{(t-1)}=0} z_i^2/2)$;

(c) 抽样 $\boldsymbol{\pi}^{(t)} \sim \text{Dirichlet}(c_1+n_1^{(t-1)},\cdots,c_L+n_L^{(t-1)})$;

(d) 抽样 $\boldsymbol{\gamma}_j^{(t)} \sim N\left(\left[\sum\limits_{i:\xi_i^{(t-1)}=j}\boldsymbol{x}_i\boldsymbol{x}_i^T\right]^{-1}\sum\limits_{i:\xi_i^{(t-1)}=j}\boldsymbol{x}_iz_i,\sigma_j^{2(t-1)}\left[\sum\limits_{i:\xi_i^{(t-1)}=j}\boldsymbol{x}_i\boldsymbol{x}_i^T\right]^{-1}\right)$;

(e) 抽样 $\sigma_j^{2(t)} \sim \text{InverseGamma}(a_\sigma+n_j^{(t-1)}/2,b_\sigma+\sum\limits_{i:\xi_i^{(t-1)}=j}(z_i-\boldsymbol{x}_i^T\boldsymbol{\gamma}_j^{(t)})^2/2)$, 其中, $n_{pq}^{(t-1)}=\sum\limits_{i=1}^{m-1}I(\theta_i^{(t-1)}=p,\theta_{i+1}^{(t-1)}=q)$, $\theta_i^{(t-1)}=I(\xi_i^{(t-1)}\geq 1)$ 和 $n_j^{(t-1)}=\sum\limits_{i=1}^{m}I(\xi_i^{(t-1)}=j)$.

步骤3: (给定 $\vartheta^{(t)}$ 的条件下抽样 $\{\xi_i^{(t)}\}_{i=1}^m$)

(a) 抽样 $\theta_m^{(t)} \sim \text{Bernoulli}(\Pr(\theta_m^{(t)}=1\mid\{z_i\}_{i=1}^m,\{\boldsymbol{x}_i\}_{i=1}^m))$;

(b) 抽样 $\theta_k^{(t)} \sim \text{Bernoulli}(\Pr(\theta_k^{(t)}=1\mid\theta_{k+1}^{(t)},\{z_i\}_{i=1}^m,\{\boldsymbol{x}_i\}_{i=1}^m))$;

(c) 若 $\theta_i^{(t)}=1$, 则抽样 $\xi_i^{(t)} \sim \text{Multinomial}(1,(\pi_1^{(t)}\eta_{i1}^{(t)},\cdots,\pi_L^{(t)}\eta_{iL}^{(t)}))$;
否则令 $\xi_i^{(t)}=0$, 其中, $\eta_{ij}^{(t)}=f(z_i\mid\boldsymbol{x}_i^T\boldsymbol{\gamma}_j^{(t)},\sigma_j^{2(t)})$ 并且 $f(\cdot\mid a,b)$ 表示均值为a方差为b的正态密度函数。

步骤4: 依次迭代步骤2和步骤3。

记$\boldsymbol{\phi}$为一列参数$\{\boldsymbol{\phi}_j\}_{j=1}^\infty$，其中$\boldsymbol{\phi}_j=(\boldsymbol{\gamma}_j,\ \sigma_j^2)$。记$\mathbf{p}=\{p_j\}_{j=1}^\infty$为混合比例序列。假定$\mathbf{p}\sim\text{GEM}(\alpha_0)$，即

$$p_j=p_j'\prod_{i=1}^{j-1}(1-p_i')\text{并且}\,p_j'|\alpha_0\sim\text{Beta}(1,\ \alpha_0),$$

其中$\text{GEM}(\alpha_0)$表示中心化参数为α_0的顺序“折棍”过程(Sequential Stick-breaking Process)。进一步，假设$\boldsymbol{\phi}_j|G_0\sim G_0$，其中$G_0=N(0,\ I_{r+1})\times\text{InverseGamma}(a_\sigma,\ b_\sigma)$ 为基本分布 (Base

Distribution)。与算法 8-1 一致，设$\{\xi_i\}_{i=1}^m$为辅助变量序列。建立如下非参数贝叶斯模型：

$$\phi_j|G_0 \sim N(0,\ I_{r+1}) \times \text{InverseGamma}(a_\sigma,\ b_\sigma),$$

$$\mathbf{p} \sim \text{GEM}(\alpha_0),$$

$$\xi_i|\mathbf{p} \sim \text{Multinomial}(1,\ \mathbf{p}),$$

$$Z_i|\theta_i = 1,\ \mathbf{x}_i,\ \phi,\ \xi_i = j \sim N(\mathbf{x}_i^T\gamma_j,\ \sigma_j^2)。$$

在这里，我们令$a_\sigma = 1$，$b_\sigma = 1$以及$\alpha_0 = 0.01$。基于上述非参数贝叶斯模型，进一步应用Neal等（2000）中的算法8来估计非零假设下的观测分布。需要强调的是，算法 8-1 和算法 8-2 的关键区别在于抽样$\{\xi_i^{(t)}|\theta_i^{(t)} = 1,\ i = 1,\ \cdots,\ m\}$和更新$\phi^{(t-1)}$。算法 8-2的具体步骤如下。

算法8-2: 估计协变量调整的隐马尔可夫模型参数的非参数贝叶斯算法

输入： 观测序列 $\{z_i\}_{i=1}^m$ 和协变量序列 $\{\boldsymbol{x}_i\}_{i=1}^m$.

输出： 协变量调整的隐马尔可夫模型的参数的后验抽样。

步骤1：初始化 $\vartheta^{(0)} = (\mathcal{A}^{(0)}, \sigma_0^{2(0)}, \{\pi_j^{(0)}, \gamma_j^{(0)}, \sigma_j^{2(0)}\}_{j=1}^L)$ 和 $\{\xi_i^{(0)}\}_{i=1}^m$.

步骤2：（给定 $\{\xi_i^{(t-1)}\}_{i=1}^m$ 的条件下抽样 $\{\mathcal{A}^{(t)}, \sigma_0^{2(t)}\}$ ）

（a）抽样 $a_{00}^{(t)} \sim \text{Beta}(a_{\mathcal{A}} + n_{00}^{(t-1)}, b_{\mathcal{A}} + n_{01}^{(t-1)})$ 和 $a_{11}^{(t)} \sim \text{Beta}(a_{\mathcal{A}} + n_{11}^{(t-1)}, b_{\mathcal{A}} + n_{10}^{(t-1)})$;

（b）抽样 $\sigma_0^{2(t)} \sim \text{InverseGamma}(a_\sigma + n_0^{(t-1)}/2, b_\sigma + \sum_{i:\xi_i^{(t-1)}=0} z_i^2/2)$;

步骤3：（给定 $\{\mathcal{A}^{(t)}, \sigma_0^{2(t)}\}$的条件下抽样 $\{\xi_i^{(t)}\}_{i=1}^m$ 和 $\{\gamma_j^{(t)}, \sigma_j^{2(t)}\}_{j=1}^{L^{(t)}}$ ）

（a）抽样 $\theta_m^{(t)} \sim \text{Bernoulli}(\Pr(\theta_m^{(t)} = 1 \mid \{z_i\}_{i=1}^m, \{\boldsymbol{x}_i\}_{i=1}^m))$;

（b）抽样 $\theta_k^{(t)} \sim \text{Bernoulli}(\Pr(\theta_k^{(t)} = 1 \mid \theta_{k+1}^{(t)}, \{z_i\}_{i=1}^m, \{\boldsymbol{x}_i\}_{i=1}^m))$;

（c）若 $\theta_i^{(t)} = 0$，则令 $\xi_i^{(t)} = 0$。记 $I^{(t)} = \left(i_1^{(t)}, i_2^{(t)}, \ldots, i_{n^{(t)}}^{(t)}\right)$ 为 $\theta_i^{(t)} = 1$ 对应的指标，其中，$i_1^{(t)} < i_2^{(t)} < \ldots < i_{n^{(t)}}^{(t)}$ 并且 $n^{(t)}$ 为满足 $\theta_i^{(t)} = 1$ 的指标个数。令 $\boldsymbol{S}_{I^{(t)}}^{(t-1)}$ 为 $\{\xi_i^{(t-1)}\}_{i \in I^{(t)}}$ 的状态空间，并且 $\boldsymbol{\phi}^{(t-1)} = \{\phi_j^{(t-1)} = (\gamma_j^{(t-1)}, \sigma_j^{2(t-1)}) \mid j \in \boldsymbol{S}_{I^{(t)}}^{(t-1)}\}$ 和 $\phi_0^{(t-1)}$ 状态对应的分布参数；

（d）对于 $i = i_1^{(t)}, i_2^{(t)}, \ldots, i_{n^{(t)}}^{(t)}$，抽样 $\xi_i^{(t)}$ 并且删除 $\boldsymbol{\phi}^{(t-1)}$ 的多余部分，并对 $\boldsymbol{\phi}^{(t-1)}$ 重新标号；

（e）抽样 $\gamma_j^{(t)} \sim N\left(\left[\sum_{i:\xi_i^{(t-1)}=j} \boldsymbol{x}_i\boldsymbol{x}_i^T\right]^{-1} \sum_{i:\xi_i^{(t-1)}=j} \boldsymbol{x}_i z_i, \sigma_j^{2(t-1)}\left[\sum_{i:\xi_i^{(t-1)}=j} \boldsymbol{x}_i\boldsymbol{x}_i^T\right]^{-1}\right)$;

（f）抽样 $\sigma_j^{2(t)} \sim \text{InverseGamma}(a_\sigma + n_j^{(t)}/2, b_\sigma + \sum_{i:\xi_i^{(t-1)}=j} (z_i - \boldsymbol{x}_i^T\gamma_j^{(t)})^2/2)$；

步骤4：依次迭代步骤2和步骤3。

8.5 模拟研究

在本节中，我们进行了一系列模拟研究，以展示cmLIS方法的优越性。本节比较的cmLIS方法包括“神谕”的cmLIS方法（cmLIS.or），已知L的数据驱动的cmLIS方法（cmLIS）以及基于Dirichlet过程的数据驱动的cmLIS方法（cmLIS.DP）。我们选取三种经典大范围多重检验方法作为对比，包括BH方法（Benjamini和Hochberg，1995）、LIS方法（Sun和Cai，2009）以及cmfdr方法（Zablocki等，2014）。需要注意的是，前两种比较方法均不考虑协变量信息，而cmfdr方法适应了协变量效应的影响。另一点需要注意的是，我们选择的cmfdr方法为“神谕”的方法，即假设概率密度函数f_0和$f_{1,\mathbf{x}_i}$已知，且零假设为真的比例通过零假设的隐状态序列$\{\theta_i\}_{i=1}^m$来进行估计。所有模拟结果均基于100次重复试验。不失一般性，零假设的数量m固定为5 000，协变量的数量固定为2，假设协变量独立同分布地产生于标准正态分布，FDR水平设置为0.1。

考虑多重检验框架下的式（8-1）—（8-3），假定零假设的隐状态序列$\{\theta_i\}_{i=1}^m$产生于一个一阶马尔可夫链，其状态转移概率矩阵为$A=(0.9,\ 0.1;\ a_{10},\ 1-a_{10})$，并且初始状态设置为$\theta_1=1$。观测序列$\{z_i\}_{i=1}^m$独立同分布地产生于两成分混合模型（8-3），其中$F_0\sim N(0,\ 1)$且$F_{1,\mathbf{x}_i}\sim\sum_{j=1}^{L}\pi_j N(\mathbf{x}_i^T\boldsymbol{\gamma}_j,\ \sigma_j^2)$。在本节中，我们根据混合正态成分的数量，将模拟研究分为两种情形L=1和L=2。

8.5.1 情形一：L=1

在情形一中，令$\boldsymbol{\gamma}_1=(0.5,\ -2,\ \gamma_{21})^T$。我们首先固定$\gamma_{21}=1$，

并在0.1到0.2的范围内以0.05的增量变化a_{10}。相应的模拟结果展示在图8-2中的第一行。我们可以从图8-2的（a）中观察到，所有6种多重检验方法都能够将FDR控制在预设的显著性水平0.1。与预期一致，不考虑检验之间的局部相依性的BH方法和cmfdr方法均较为保守。需要注意的是，a_{10}的值越小，非零检验之间的局部相依性越强。不难发现，在a_{10}较小时，多重检验方法更为保守。我们还可以观察到，在所有情况下，BH方法最保守，其次是cmfdr方法。从图8-2的（b）中，我们可以发现3种cmLIS方法产生的FNR几乎相等，并且始终小于对比方法的FNR值。这些模拟结果表明，数据驱动的cmLIS方法（cmLIS和cmLIS.DP）可以近似“神谕”的cmLIS方法的数值性能，并且三种cmLIS方法在所有情况下均优于LIS方法。这说明在大范围多重检验中利用协变量信息是有益的。

接下来，我们固定$a_{10} = 0.2$，并令γ_{21}从1变化到3，增量为1。相应的模拟结果呈现在图8-2中的第二行。从图8-2的（c）中，我们可以看到所有多重检验方法都能够将FDR控制在预设的显著性水平。从图8-2的（d）中，我们还可以看到三种cmLIS方法的FNR值几乎相同，并且始终小于对比方法的FNR值。因此，可得类似于前面模拟的结论。需要注意的是，当γ_{21}增加时，协变量更具信息性。因此，随着γ_{21}的增加，这些方法的FNR值均减小。综上所述，情形一下的数值模拟结果表明，cmLIS方法是有效的，即cmLIS方法可将FDR控制在预设的显著性水平，并且通过利用协变量信息和检验之间的局部相依结构信息，cmLIS方法在性能上明显优于其他对比方法。

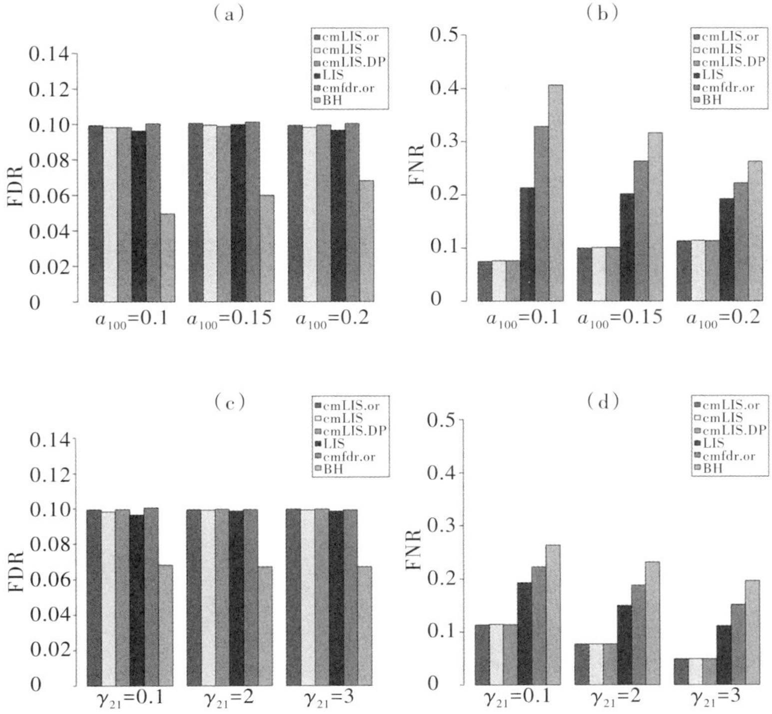

图 8-2　情形一下的模拟结果

8.5.2　情形二：$L=2$

在情形二中，令 $\boldsymbol{\gamma}_1=(0.5,\ -2,\ \gamma_{21})^T$ 和 $\boldsymbol{\gamma}_2=(1,\ 2,\ 3)^T$。考虑下述三种参数设置：

（1）固定 $\gamma_{21}=1$，$\pi_2=1-\pi_1=0.2$，将 a_{10} 在 0.1 到 0.2 的范围内变化，每次增加 0.05；

（2）固定 $a_{10}=0.2$，$\pi_2=1-\pi_1=0.2$，将 γ_{21} 在 1 到 3 的范围内变化，每次增加 1；

（3）固定 $\gamma_{21}=1$，$a_{10}=0.2$，将 π_2 在 0.2 到 0.6 的范围内变化，每次增加 0.2。

情形二下的详细模拟结果显示在图 8-3 中。由图 8-3 可知，情形二下的模拟结果几乎与情形一的结果一致。因此可得出类似的结论，这里不再重复阐述。

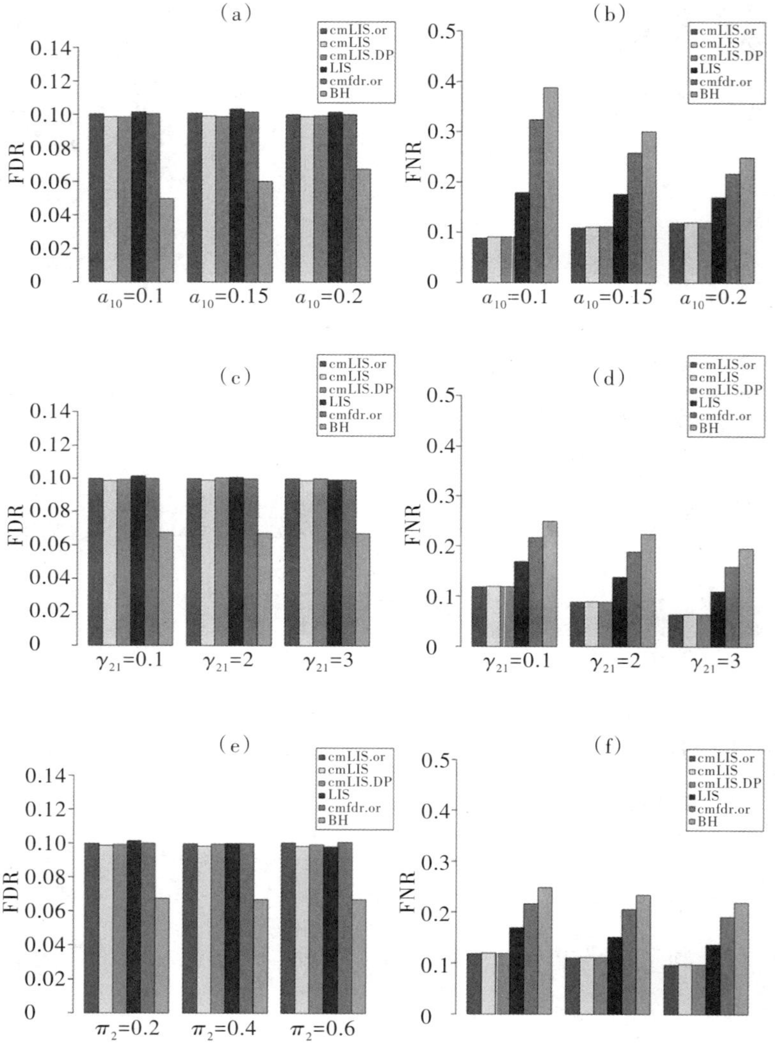

图 8-3　情形二下的模拟结果

在实际应用中，F_{1,x_i}中混合成分的数量通常是未知的。除了在8.3.1节中描述的cmLIS.DP外，我们进一步研究使用贝叶斯信息准则（Bayesian Information Criterion，BIC）进行模型选择的cmLIS方法的数值表现。不失一般性，我们设置与情形二相同的参数（L=2），并选择“神谕”的cmLIS方法（cmLIS.or）作为基准。在这里，cmLIS表示基于BIC的数据驱动的cmLIS方法。图8-4显示了由三种cmLIS方法产生的FDP（False Discovery Proportion）值和FNP（False non-Discovery Proportion）值的箱线图。我们可以看到三种cmLIS方法的箱长大致相同。这表明三种cmLIS方法产生的FDP的离散程度几乎相同。值得注意的是，尽管当a_{10} = 0.1时，cmLIS.DP方法产生的FDP的分布呈左偏，但其FDP的均值接近0.1。总体而言，数据驱动的cmLIS方法在不同的参数设置下数值性能接近于“神谕”的cmLIS方法。这说明了数据驱动的cmLIS方法的有效性和最优性。此外，我们还在表8-1中展示了使用100次重复试验得到的由BIC指定的每个L的数量。如表8-1所示，我们可以得出结论，基于BIC的数据驱动的cmLIS方法能够在不同的参数设置下自适应地选择真实的模型。

表8-1　　**不同参数设置下的模型选择**

模型选择	a_{10}			γ_{21}			π_2		
	0.1	0.15	0.2	1	2	3	0.2	0.4	0.6
L=1	0	0	0	0	0	0	0	0	0
L=2	100	100	100	100	100	100	100	97	99
L=3	0	0	0	0	0	0	0	3	1

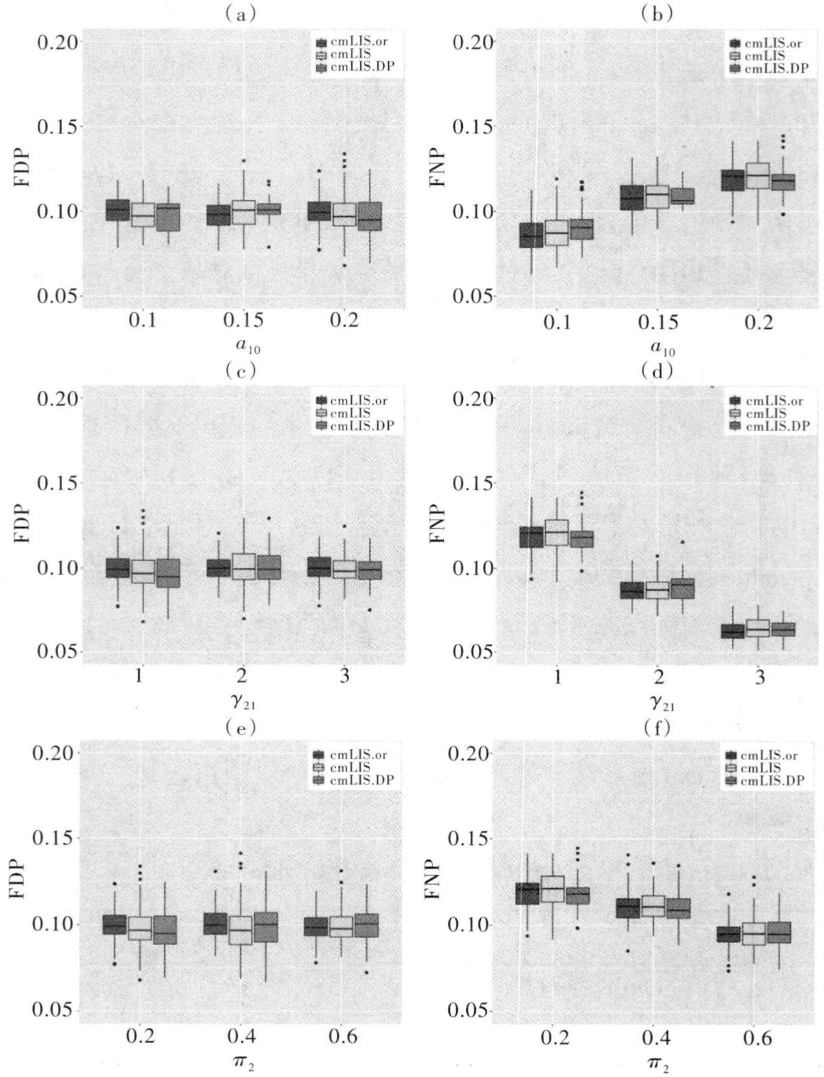

图 8-4 情形二下 cmLIS 方法的 FDP 和 FNP 的箱线图

8.6 实际数据分析

为了进一步说明cmLIS方法在实际数据分析中的卓越性能，我们将其应用于RNA测序数据和精神分裂症（SCZ）数据的分析中。需要注意的是，模拟研究中比较的cmfdr方法是“神谕”版本。由于数据驱动的cmfdr方法在模拟中不能将FDR控制在预设的水平，因此在真实数据分析中，我们不将其作为对比方法。

8.6.1 RNA测序数据分析

染色体上的邻近基因往往是共表达（Co Expressed）的。为描述基因之间的序列相依性，Cui等（2015）成功地将HMM应用于RNA测序数据分析。在本小节中，我们将cmLIS方法应用于RNA测序数据，旨在识别气道平滑肌细胞对地塞米松的反应中表达差异的基因。这些数据由Himes等（2014）收集，并可从公开的R包airway中获取。遵循Ignatiadis等（2016）的工作，我们使用R包DESeq2分析这些RNA测序数据。具体而言，观测值由每个检验产生的p值转换而得，协变量为每个基因的标准化计数的对数。不失一般性，我们仅选择前5 000个检验进行分析。

详细结果展示在图8-5和图8-6中。图8-5显示了多重检验方法在不同的目标FDR水平下拒绝零假设的数量。需要指出的是，基于BIC的cmLIS和LIS方法都选择$L=6$。我们还可以观察到，数据驱动的cmLIS方法（基于BIC的cmLIS方法和基于Dirichlet过程的cmLIS方法）在不同目标FDR水平下识别出更多具有差异表达水平的基因。这些结果与前面的模拟结果一致，表明通过同时利用局部相依性信息和协变量信息，cmLIS方法显著比其他竞争方法更有效。

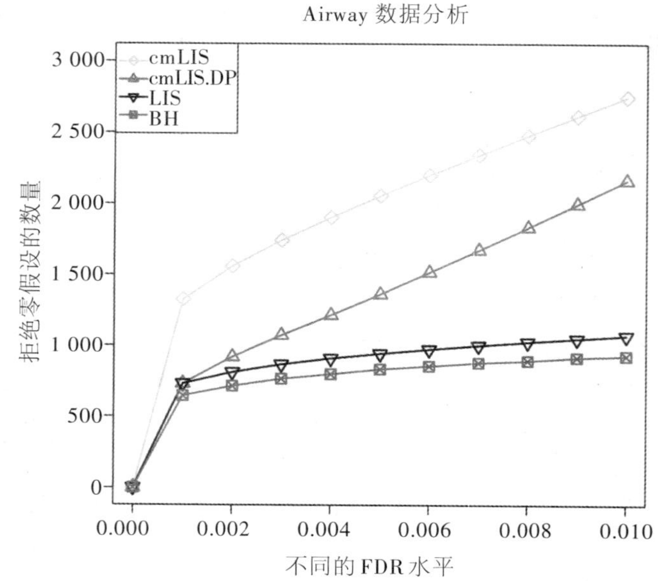

图 8-5　在不同目标FDR水平下拒绝零假设的数量

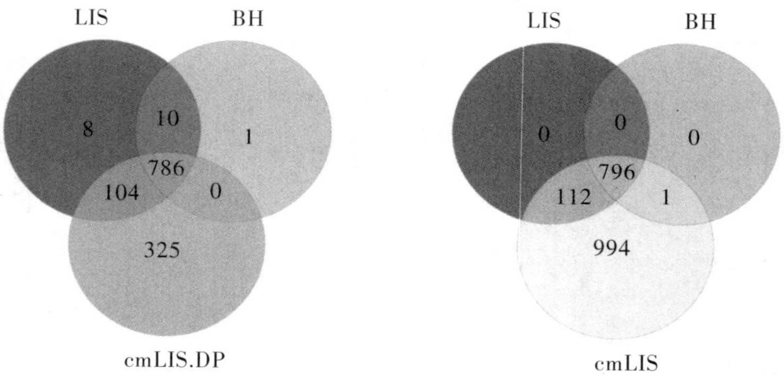

图 8-6　在FDR水平 4×10^{-3} 下拒绝零假设的数量

为了进一步说明cmLIS方法的优越性，我们使用Venn图（见图8-6）表示在FDR水平 4×10^{-3} 下，cmLIS方法及其对比方法识别出的显著基因数量。我们可以从图8-6的左侧看到，基于Dirichlet过程的cmLIS方法在LIS方法识别的908个基因中发现了890个（104+786），在BH方法识别的797个基因中找到了786个。此外，基于Dirichlet过程cmLIS方法识别出325个被LIS方法和BH方法遗漏的SNP。如图8-6的右侧所示，基于BIC的cmLIS方法可以得到类似的结论。

8.6.2 SCZ数据分析

在本节中，我们将cmLIS方法应用于两组SCZ数据的分析，包括Sweden+SCZ1（Ripke等，2013）和SCZ2（Schizophrenia Working Group of the Psychiatric Genomics Consortium，2014）。这些数据由精神病基因组学联盟（Psychiatric Genetics Association，PGC）收集，经许可可从https：// www.med.unc.edu/pgc/download-results/scz/下载。Ripke等（2013）对13 833例SCZ病例和18 310例对照组个体进行大规模Meta分析后得到Sweden+SCZ1。相应地，SCZ2数据来源于36 989例SCZ病例和113 075例对照组个体的大规模Meta分析。由于相邻基因在减数分裂过程中倾向于分离到同一个配子中，因此与疾病相关的SNP通常会聚集在一起并具有局部相依性。我们利用马尔可夫链对局部相依结构进行建模，并应用cmLIS方法来检测与SCZ相关联的SNP。

需要注意的是，SCZ2数据来源的个体包含Sweden+SCZ1数据来源的个体。我们不使用逆Meta分析公式，而是选择将统计量z_i和x_i分别作为观察值和协变量，其中z_i和x_i可通过使用以下公式计算：

$$z_i = \log(OR_i^{(\mathrm{SCZ2})})/SE_i^{(\mathrm{SCZ2})},$$

和

$$x_i = \log(OR_i^{(\mathrm{Sweden+SCZ1})})/SE_i^{(\mathrm{Sweden+SCZ1})}。$$

这里，$OR_i^{(\mathrm{Sweden+SCZ1})}$和$OR_i^{(\mathrm{SCZ2})}$分别为Sweden+SCZ1和SCZ2数据中第$i$个风险等位基因的优势比（Odds Ratio），$SE_i^{(\mathrm{Sweden+SCZ1})}$和$SE_i^{(\mathrm{SCZ2})}$分别为$\log(OR_i^{(\mathrm{Sweden+SCZ1})})$和$\log(OR_i^{(\mathrm{SCZ2})})$的标准差。

不失一般性，仅考虑识别1号染色体前10 000个SNP中与SCZ相关联的SNP。在基于BIC的模型选择中，cmLIS和LIS方法分别选择$L=1$和$L=3$。详细结果如图8-7所示，可以看出cmLIS方法在不同的目标FDR水平下识别出的SNP数量最多。这些结果表明，通过利用协变量信息和检验之间的局部相依结构，cmLIS方法更有效。

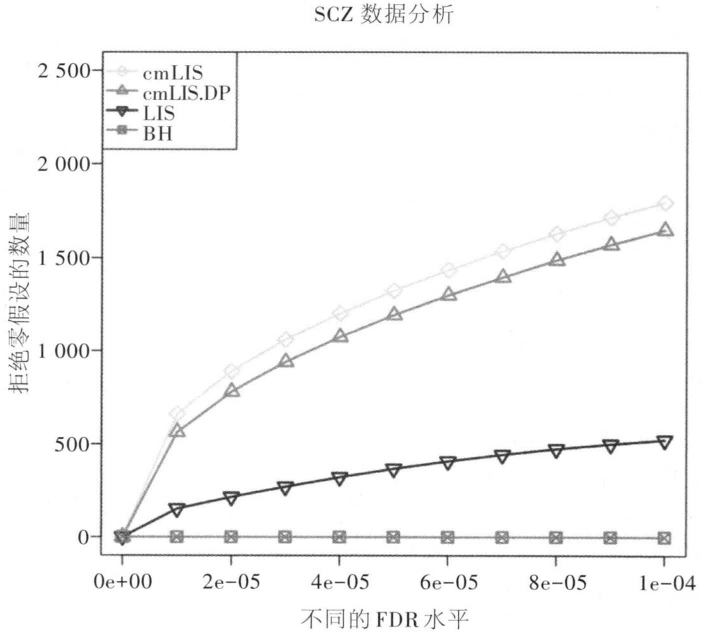

图8-7　不同目标FDR水平下识别出SNP的数量

8.7　本章小结

本章内容主要基于Wang等（2023）的研究工作。基于协变量调整的隐马尔可夫模型，本章系统介绍了一种协变量调整的大范围多重检验方法，即cmLIS方法。该方法针对传统多重检验方法未能有效利用检验间局部相关性及协变量信息的问题，通过引入协变量调控的隐马尔可夫模型，将协变量效应和局部相关性相结合，显著提升了多重检验功效和结果的可解释性。

在理论层面，cmLIS方法通过在控制mFDR的前提下实现mFNR的最小化，证明了其最优性。在实际应用中，我们介绍了数据驱动的cmLIS方法，利用贝叶斯采样算法估计模型参数，有效应对了复杂数据中的未知参数问题。通过模拟研究，以及对RNA测序数据和精神分裂症数据的实际分析，验证了cmLIS方法在控制FDR和提升检出率方面的显著优势。结果表明，该方法能够在多种场景下实现更高效的显著性发现。

需要指出的是，cmLIS方法仍有一定的局限性和改进空间。首先，cmLIS方法采用一阶马尔可夫链描述局部相依结构，这种假设虽然在许多场景下有效，但对更复杂的依赖模式，如更高阶或非线性依赖，可能有所欠缺。其次，cmLIS方法主要适用于一维相依结构的问题，尚未扩展到处理更高维数据中空间相关性的需求，例如，功能性磁共振成像等具有多维空间依赖的数据。再次，随着非零分布混合成分数量的增加，现有的贝叶斯采样算法计算复杂度迅速上升，在大规模数据集上的应用可能变得不可行。最后，目前的模型主要假设协变量影响分布的均值，而对其影响方差的潜在作用尚未考虑，这限制了cmLIS方法在某些应用场景中的表现。

第9章

基于笛卡尔隐马尔可夫模型的大范围多重检验方法

本章主要介绍一种基于笛卡尔隐马尔可夫模型的大范围多重检验方法。通过利用一阶马尔可夫链来描述检验之间的局部相依性，该方法可显著提高可重复性分析的功效。

9.1 引言

截至2016年9月1日，GWAS已经找到超过24 000个与复杂疾病或性状相关联的SNP（MacArthur等，2016）。然而，这些已发现的与复杂疾病或性状相关联的SNP只能解释较少部分的遗传力(Heritability)。因此，有必要进一步探索和研究更高效的多重检验方法，以探寻这部分丢失的遗传力。现有研究表明，部分不同的疾病或性状仍拥有相似的遗传机制，并且受到一些相同的遗传变异的影响(Vattikuti等，2012；Visscher等，2012)。这种现象被称为“基因多效性”。通过利用基因多效性信息，将多个GWAS综合起来进行分析可显著提高检验的功效。

荟萃分析（Meta分析）是一种将多个研究结合在一起进行分析的方法，并已被广泛应用于生物医学等研究中。然而，对多个GWAS直接进行Meta分析的结果常常与单个GWAS的分析结果相矛盾。例如，Voight等（2012）指出，一些由Meta分析找到的与二型糖尿病相关的SNP在单个GWAS中却被认为不显著。将多个GWAS进行可重复性分析可在一定程度上避免这种矛盾。传统的可重复性分析通常假设检验相互独立，但该假设在实际中往往难以成立。因此，有必要进一步研究和开发考虑检验之间相依结构的可重复性分析方法。

9.2 可重复性分析

9.2.1 可重复性分析框架

从本质上看，可重复性分析是一个多重检验的问题。针对两个GWAS的可重复性分析框架，研究者已提出一系列多重检验方法。对于每个检验，Benjamini等（2009）选取两个p值中的较大者作为联合p值，然后对联合p值运用BH方法进行多重检验。通过联合分析多个GWAS数据和注释信息，Chung等（2014）提出一种可识别可重复性关联信号的方法。

Heller和Yekutieli（2014）对Efron（2001）的两成分混合模型进行推广，并提出用于可重复性分析的repfdr①（replicated false discovery rate）方法。需要指出的是，这些方法均没有考虑检验之间的相依性。为了描述可重复性分析中检验之间的相依结构，我们基于笛卡尔隐马尔可夫模型（Cartesian Hidden Markov Model，CHMM）提出一种适应检验局部相依结构的可重复性分析方法。

为了叙述方便，本节介绍基于两个GWAS的可重复性分析框架。设两个GWAS有m个共同的SNP需要同时进行检验。设$\left\{H_{i,j}\right\}_{j=1}^{m}$为第$i$个GWAS的零假设状态序列，其中

$$H_{i,j}=\begin{cases}0, & \text{如果第}j\text{个SNP在第}i\text{个GWAS中与疾病或病状不相关，}\\ 1, & \text{否则。}\end{cases}$$

对于第j个SNP，可重复性分析问题关心的零假设为

$$\mathcal{H}_{NR}^{0j}:\left(H_{1,j},\ H_{2,j}\right)\in\left\{(0,\ 0),\ (1,\ 0),\ (0,\ 1)\right\}。$$

① 为了配合书中公式，replicated false discovery rate简写为repfdr。

称 $\mathcal{H}_{NR}^{0j}$ 为没有可重复性关联的零假设，即第 j 个 SNP 至多在一个 GWAS 中与所研究的疾病或性状相关联。可重复性分析问题关心的是，找出在多个（≥ 2）GWAS 中同时被检测出与所研究疾病或性状相关联的 SNP。

在可重复性分析问题中，FDR 可表示为

$$\mathrm{FDR} = \mathrm{E}\left[\frac{\Sigma_{j=1}^{m} 1\left(\left(H_{1,j},\ H_{2,j}\right) \in \left\{(0,\ 0),\ (1,\ 0),\ (0,\ 1)\right\}\right)\delta_j}{\Sigma_{j=1}^{m}\delta_j}\right],$$

其中

$$\delta_j = \begin{cases} 0，如果判定第j个SNP与疾病或性状不存在可重复性关联， \\ 1，否则。 \end{cases}$$

相应地，mFDR 可表示为

$$\mathrm{mFDR} = \frac{\mathrm{E}\left[\Sigma_{j=1}^{m} 1\left(\left(H_{1,j},\ H_{2,j}\right) \in \left\{(0,\ 0),\ (1,\ 0),\ (0,\ 1)\right\}\right)\delta_j\right]}{\mathrm{E}\left[\Sigma_{j=1}^{m}\delta_j\right]}。$$

由于 mFDR 和 FDR 在一定条件下渐近等价（Genovese 和 Wasserman，2002），因此可重复性分析方法可以仅考虑将 mFDR 控制在预设的显著性水平。

9.2.2 可重复性分析框架下的笛卡尔隐马尔可夫模型

考虑基于两个 GWAS 的可重复性分析，本节主要介绍可重复性分析框架下的 CHMM。设 $z_{i,j}$ 和 $Z_{i,j}$ 分别为第 i 个 GWAS 中第 j 个 SNP 所对应的观测和观测随机变量。假设 $\{(H_{1,j},\ H_{2,j})\}_{j=1}^{m}$ 是一个四状态的、平稳的、不可约的、非周期的马尔可夫链，其状态转移概率为

$$Pr\left(\left\{(Z_{1,j},\ Z_{2,j})\right\}_{j=1}^{m}\left|\left\{(H_{1,j},\ H_{2,j})\right\}_{j=1}^{m}\right.\right)$$

$$= \prod_{j=1}^{m} Pr(Z_{1,j} \mid H_{1,j}) \prod_{j=1}^{m} Pr(Z_{2,j} \mid H_{2,j})$$

$$A_{uv}=\Pr\left(\left(H_{1,j+1}, H_{2,j+1}\right)=v\mid\left(H_{1,j}, H_{2,j}\right)=u\right), \tag{9-1}$$

其中 u，$v\in\left\{(0, 0), (1, 0), (0, 1), (1, 1)\right\}$。假设观测序列 $\{(Z_{1,j}, Z_{2,j})\}_{j=1}^{m}$ 在给定零假设状态序列 $\{(H_{1,j}, H_{2,j})\}_{j=1}^{m}$ 的条件下相互独立，即

$$\Pr\left(\left\{\left(Z_{1,j}, Z_{2,j}\right)\right\}_{j=1}^{m}\mid\left\{\left(H_{1,j}, H_{2,j}\right)\right\}_{j=1}^{m}\right)$$

$$=\prod_{j=1}^{m}\Pr\left(Z_{1,j}\mid H_{1,j}\right)\prod_{j=1}^{m}\Pr\left(Z_{2,j}\mid H_{2,j}\right)。 \tag{9-2}$$

满足条件式（9-1）和（9-2）的概率图模型称为笛卡尔隐马尔可夫模型（CHMM），其示意图如图9-1所示。

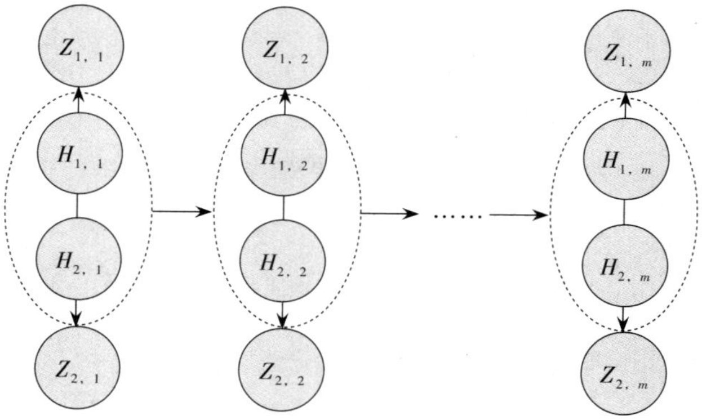

图9-1　CHMM示意图

根据两成分混合模型（Efron，2001），观测随机变量 $Z_{i,j}$ 服从

$$Z_{i,j}\mid H_{i,j}\sim\left(1-H_{i,j}\right)f_{i0}+H_{i,j}f_{i1}, \tag{9-3}$$

其中 f_{i0} 和 f_{i1} 分别为 $H_{i,j}=0$ 和 $H_{i,j}=1$ 的条件 $Z_{i,j}$ 的PDF。

记 $\boldsymbol{\pi}=(\pi_{00}, \pi_{10}, \pi_{01}, \pi_{11})$ 为马尔可夫链 $\{(H_{1,j}, H_{2,j})\}_{j=1}^{m}$ 的初始概率分布，其中 $\pi_{st}=\Pr\left(\left(H_{1,1}, H_{2,1}\right)=(s, t)\right)$，$s$，$t=0, 1$。为了方便描述，记 $\vartheta=(\boldsymbol{\pi}, \mathcal{A}, \mathcal{F})$ 为CHMM的模型参数，其中

$\mathcal{A}=\{A_{uv}\}_{4\times 4}$，$u$，$v\in\{(0,\ 0),\ (1,\ 0),\ (0,\ 1),\ (1,\ 1)\}$，以及 $\mathcal{F}=(f_{10},\ f_{11},\ f_{20},\ f_{21})$。

9.3 repLIS 方法

基于多重检验问题和加权分类问题之间的关系，本节主要介绍一种用于可重复性分析的多重检验方法。

9.3.1 repLIS 统计量

考虑可重复性分析问题对应的加权分类损失函数：

$$L_{\lambda}\left(\{H_{1,j}\}_{j=1}^{m},\ \{H_{2,j}\}_{j=1}^{m},\ \{\delta_j\}_{j=1}^{m}\right)=\frac{1}{m}\sum_{j=1}^{m}\left\{\lambda\left[\left(1-H_{1,j}\right)\left(1-H_{2,j}\right)+H_{1,j}\left(1-H_{2,j}\right)+\left(1-H_{1,j}\right)H_{2,j}\right]\delta_j+H_{1,j}H_{2,j}(1-\delta_j)\right\},$$

其中 λ 是第 I 类错误对第 II 类错误的相对成本。最小化损失函数的期望可得最优分类准则

$$\delta_j\left(\Lambda_j,\ 1/\lambda\right)=1(\Lambda_j<\frac{1}{\lambda}),$$

其中

$$\Lambda_j=\frac{Pr\left(\mathcal{H}_{NR}^{0j} isture\right]\{z_{1,i}\}_{i=1}^{m},\ \{z_{2,i}\}_{i=1}^{m})}{1-\Pr(\mathcal{H}_{NR}^{0j} istrue|\{z_{1,i}\}_{i=1}^{m},\ \{z_{2,i}\}_{i=1}^{m})}$$

为加权分类的最优分类统计量。

基于 Sun 和 Cai（2007）的基础性的工作，易得最优分类统计量在可重复性分析问题中也是最优的，即通过选取合适的截断，基于最优分类统计量的多重检验方法可将 mFDR 控制在预设的显著性水平，并且在所有相同显著性水平下使得 mFNR 达到最小。由于 Λ_j 关于

$$Pr\left(\mathcal{H}_{NR}^{0j} isture\right]\{z_{1,i}\}_{i=1}^{m},\ \{z_{2,i}\}_{i=1}^{m})$$

单调增加，因此可定义可重复性分析的最优多重检验统计量（称为replicated local index of significance，repLIS）[①]为

$$repLIS_j = Pr\left(\mathcal{H}_{NR}^{0j} isture\right]\{z_{1,i}\}_{i=1}^{m},\ \{z_{2,i}\}_{i=1}^{m}),\ j=1,\ \cdots,\ m。$$

当CHMM的参数已知时，repLIS统计量可由前向-后向算法计算。具体而言，第j个repLIS统计量可表示为

$$repLIS_j = 1 - \frac{\alpha_j(1,\ 1)\beta_j(1,\ 1)}{\sum_{p=0}^{1}\sum_{q=0}^{1}\alpha_j(p,\ q)\beta_j(p,\ q)},$$

其中前向变量和后向变量

$$\alpha_j(p,\ q) = Pr\left(\left(H_{i,j},\ H_{2,j}\right)=(p,\ q),\ \{z_{1,i}\}_{i=1}^{j},\ \{z_{2,i}\}_{i=1}^{j}\right),$$

和

$$\beta_j(p,\ q) = Pr\left(\{z_{1,i}\}_{i=j+1}^{m},\ \{z_{2,i}\}_{i=j+1}^{m}\mid\left(H_{i,j},\ H_{2,j}\right)=(p,\ q)\right),$$

可由下面递推公式计算而得：

$$\alpha_{j+1}(p,\ q) = \sum_{s=0}^{1}\sum_{t=0}^{1}\alpha_j(s,\ t)f_{1p}(z_{1,j+1})f_{2p}(z_{2,j+1})A_{(s,t)(p,q)},$$

和

$$\beta_j(p,\ q) = \sum_{s=0}^{1}\sum_{t=0}^{1}\beta_{j+1}(s,\ t)f_{1s}(z_{1,j+1})f_{2t}(z_{2,j+1})A_{(p,q)(s,t)}。$$

9.3.2　“神谕”的repLIS方法

本节介绍的可重复性分析方法仅考虑CHMM参数已知的情形。记$repLIS_{(1)}$，$repLIS_{(2)}$，…，$repLIS_{(m)}$为从小到大排序的repLIS统计量，记$\mathcal{H}_{NR}^{0(1)}$，$\mathcal{H}_{NR}^{0(2)}$，…，$\mathcal{H}_{NR}^{0(m)}$为相应的无可重复性关联的零假设。类似于LIS方法，“神谕”的repLIS方法的执行过程如下，

① 为了配合书中公式，replicated local index of significance简写为repLIS。

令 $l = max\{t: \frac{1}{t}\sum_{j=1}^{t} repLIS_{(j)} \leq \alpha\}$，则拒绝 $\mathcal{H}_{NR}^{0(j)}$，$j = 1, \cdots, l$。

需要指出的是，为了方便说明主要问题和想法，本章只讨论基于两个GWAS的repLIS方法。事实上，repLIS方法可以直接拓展到多个（≥ 3）GWAS的可重复性分析。下一节的模拟研究将展示repLIS方法在3个GWAS可重复性分析中的数值表现。

下一个定理（定理9.1）表明，repLIS方法可以将FDR控制在预设的显著性水平，并且是渐近最优的。

定理9.1 考虑可重复性分析框架下的笛卡尔隐马尔可夫模型（9-1）—（9-2），"神谕"的repLIS方法可以将FDR控制在水平 α 以下，并且在相同FDR水平下使得FNR达到最小。

9.3.3 数据驱动的repLIS方法

在实际应用中，CHMM的参数 $\vartheta = (\pi, \mathcal{A}, \mathcal{F})$ 通常是未知的。将CHMM参数的极大似然估计代替真实参数，可得repLIS的估计量。记 $\widehat{repLIS_{(1)}}$，$\widehat{repLIS_{(2)}}$，$\cdots$，$\widehat{repLIS_{(m)}}$ 为从小到大排序的repLIS估计量。记 $\mathcal{H}_{NR}^{0(1)}$，$\mathcal{H}_{NR}^{0(2)}$，$\cdots$，$\mathcal{H}_{NR}^{0(m)}$ 为相应的无可重复性关联的零假设。数据驱动的repLIS方法执行过程如下：

令 $l = max\{t: \frac{1}{t}\sum_{j=1}^{t} \widehat{repLIS_{(j)}} \leq \alpha\}$，则拒绝 $\mathcal{H}_{NR}^{0(j)}$，$j = 1, \cdots, l$。

本节接下来详细介绍估计CHMM参数的EM算法。为了方便表示，记 $\mathcal{Z} = \left(\{z_{1,j}\}_{j=1}^{m}, \{z_{2,j}\}_{j=1}^{m}\right)$ 为观测数据，$\mathcal{H} = \left(\{H_{1,j}\}_{j=1}^{m}, \{H_{2,j}\}_{j=1}^{m}\right)$ 为缺失数据，并且记

$\sum_{H_{1,\cdot};\ H_{2,\cdot}} = \sum_{H_{1,1}, H_{1,2}, \cdots, H_{1,m}} \sum_{H_{2,1}, H_{2,1}, \cdots, H_{2,m}}$。

考虑可重复性分析框架下的CHMM，其似然函数可表示为

$$L(\vartheta;\ \mathcal{Z},\ \mathcal{H}) = Pr_{\vartheta}(\{z_{1,j}\}_{j=1}^{m},\ \{z_{2,j}\}_{j=1}^{m},\ \{H_{1,j}\}_{j=1}^{m},\ \{H_{2,j}\}_{j=1}^{m}) =$$

$$Pr_{\vartheta}(H_{1,1},\ H_{2,1})\prod_{j=1}^{m} f_{1H_{1,j}}(z_{1,j})\prod_{j=1}^{m} f_{2H_{2,j}}(z_{2,j})\prod_{j=1}^{m-1} A_{(H_{1,j},\ H_{2,j})(H_{1,j+1},\ H_{2,j+1})}。$$

首先初始化模型参数 $\vartheta^{(0)} = (\pi^{(0)},\ \mathcal{A}^{(0)},\ \mathcal{F}^{(0)})$。在E步的第$t$次迭代，计算$Q$函数 $\mathcal{Q}(\vartheta;\ \vartheta^{(t)})$，

$$\mathcal{Q}(\vartheta;\ \vartheta^{(t)}) = \sum_{H_{1,*};\ H_{2,*}} logL(\vartheta;\ \mathcal{Z},\ \mathcal{H})P_{r\vartheta^{(t)}}(\mathcal{H}|\mathcal{Z}) =$$

$$\sum_{H_{1,*};\ H_{2,*}} logP_{\vartheta}(H_{1,1},\ H_{2,1})P_{r\vartheta^{(t)}}(\mathcal{H}|\mathcal{Z}) +$$

$$\sum_{H_{1,*};\ H_{2,*}}\left[\sum_{j=1}^{m}\log\left(f_{1,H_{1,j}}(z_{1,j})f_{2,H_{2,j}}(z_{2,j})\right)\right]P_{r\vartheta^{(t)}}(\mathcal{H}|\mathcal{Z}) +$$

$$\sum_{H_{1,*};\ H_{2,*}}\left[\sum_{j=1}^{m-1}\log A_{(H_{1,j},\ H_{2,j})(H_{1,j+1},\ H_{2,j}+1)}\right]P_{r\vartheta^{(t)}}(\mathcal{H}|\mathcal{Z})。$$

在M步的第t次迭代，最大化Q函数 $\mathcal{Q}(\vartheta;\ \vartheta^{(t)})$，得

$$\vartheta^{(t+1)} = \arg\max \mathcal{Q}(\vartheta;\ \vartheta^{(t)})。$$

具体而言，由Lagrange乘子法可得

$$\pi_{u}^{(t+1)} = \Pr_{\vartheta^{(t)}}(H_{1,1},\ H_{2,1}) = u|\mathcal{Z}|,$$

$$A_{uv}^{(t+1)} = \frac{\sum_{j=1}^{m-1}\Pr_{\vartheta^{(t)}}\left((H_{1,j},\ H_{2,j}) = u,\ (H_{1,j+1},\ H_{2,j+1}) = v|\mathcal{Z}\right)}{\sum_{j=1}^{m-1}Pr_{\vartheta^{(t)}}\left((H_{1,j},\ H_{2,j}) = u|\mathcal{Z}\right)},$$

$$\mu_{i}^{(t+1)} = \frac{\sum_{j=1}^{m} z_{i,j}Pr_{\vartheta^{(t)}}(H_{i,j} = 1|\mathcal{Z})}{\sum_{j=1}^{m}Pr_{\vartheta^{(t)}}(H_{i,j} = 1|\mathcal{Z})},$$

$$\sigma_{i}^{2(t+1)} = \frac{\sum_{j=1}^{m}(z_{i,j} - \mu_{i}^{(t+1)})^{2}Pr_{\vartheta^{(t)}}(H_{i,j} = 1|\mathcal{Z})}{\sum_{j=1}^{m}Pr_{\vartheta^{(t)}}(H_{i,j} = 1|\mathcal{Z})},$$

其中 $i = 1, 2$，$u, v \in \{(0, 0), (1, 0), (0, 1), (1, 1)\}$。

9.4 模拟研究

9.4.1 模拟研究一

本节主要介绍“神谕”的repLIS方法（repLIS.or）、数据驱动的repLIS方法（repLIS）、BH方法（Benjamini和Hochberg，1995）以及repfdr方法（Heller和Yekutieli，2014）在可重复性分析数值模拟中的表现。本节主要从三个方面比较这些可重复性分析方法。具体而言，首先，检查这些方法能否将FDR控制在预设的显著性水平 α 以下。其次，比较这些方法在相同显著性水平下的FNR值和ATP值。一般而言，如果一个有效的多重检验方法（即可将FDR控制在预设的水平）拥有较高的功效，那么其FNR值较小，而ATP值则较大。最后，本节还展示了repLIS方法在基于3个GWAS的可重复性分析时的数值表现。在数值模拟中，GWAS中检验的数量固定为10 000，模拟结果均基于200次重复。

情形一：检验独立的情形

考虑两成分混合模型（9-3）。设 f_{10} 和 f_{20} 均为标准正态分布 $N(0, 1)$ 的PDF，设 f_{11} 和 f_{21} 分别为正态分布 $N(\mu_1, \sigma_1^2)$ 和 $N(\mu_2, \sigma_2^2)$ 的PDF。

在该情形下，设置参数 $\mu_2 = 4$ 和 $\sigma_1 = \sigma_2 = 1$。设零假设的状态序列 $\{(H_{1,j}, H_{2,j})\}_{j=1}^{m}$ 独立同分布且服从多项分布

$Multinom(10\,000, (0.4, 0.2, 0.2, 0.2,))$。

将 μ_1 从2变化到3，每次增加0.5。相应的模拟结果见图9-2。

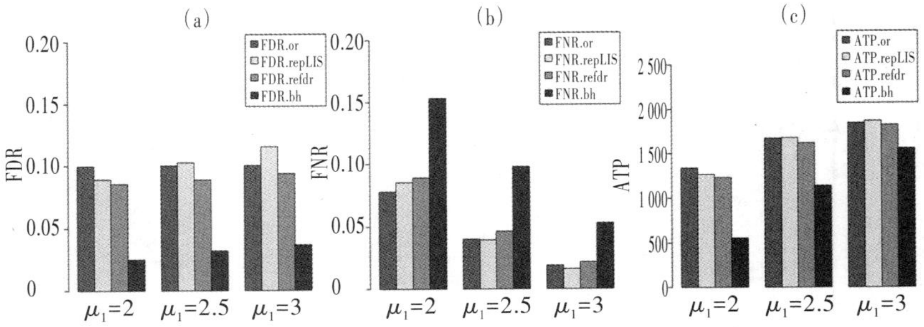

图 9-2 情形一下两个 GWAS 的可重复性分析结果

如图 9-2（a）所示，四种方法均可将 FDR 控制在预先设定的显著性水平 0.1。尽管数据驱动的 repLIS 方法的 FDR 值最大，但是仍然可以接受（FDR=0.115）。此外，我们还可以观察到基于经验贝叶斯的 repfdr 方法稍微有些保守，并且 BH 方法的 FDR 值最小。这些结果表明，repLIS 方法即使在检验均是独立的情况下仍然是有效的（即可将 FDR 控制在预设的显著性水平）。如图 9-2（b）和（c）所示，（1）这些方法的 FNR 值随 μ_1 的增加而减小；（2）这些方法的 ATP 随 μ_1 的增加而增加；（3）“神谕”的 repLIS 方法、数据驱动的 repLIS 方法以及 repfdr 方法的 FNR 和 ATP 差别不大。由此可以得出结论，repLIS 方法即使在检验独立的可重复性分析中仍然有效并且与 repfdr 方法具有相近的功效。

情形二：检验局部相依的情形

考虑情形一相同的两成分混合模型（9-3）。设置参数 $\mu_2 = 2$ 和 $\sigma_1 = \sigma_2 = 1$。设零假设的状态序列 $\{(H_{1,j}, H_{2,j})\}_{j=1}^{m}$ 为马尔可夫链，其状态转移概率矩阵和初始概率分布分别为

$$A = \begin{pmatrix} 0.7 & 0.1 & 0.1 & 0.1 \\ 0.1 & 0.7 & 0.1 & 0.1 \\ 0.1 & 0.1 & 0.7 & 0.1 \\ 0.1 & 0.1 & 0.8 - A_{(1,1)(1,1)} & A_{(1,1)(1,1)} \end{pmatrix},$$

和

(0.25，0.25，0.25，0.25)。

首先考虑 $A_{(1,1)(1,1)}=0.7$ 并将 μ_1 从3变化到5，每次增加1。相应的模拟结果见图9-3。如图9-3所示，repLIS方法和repfdr方法的FNR和ATP有显著的差异，并且在相同FDR水平下，repLIS方法具有最小的FNR和最大的ATP。这些结果表明，当检验之间存在局部相依性时，repLIS方法在检测可重复性关联上具有明显的优势。

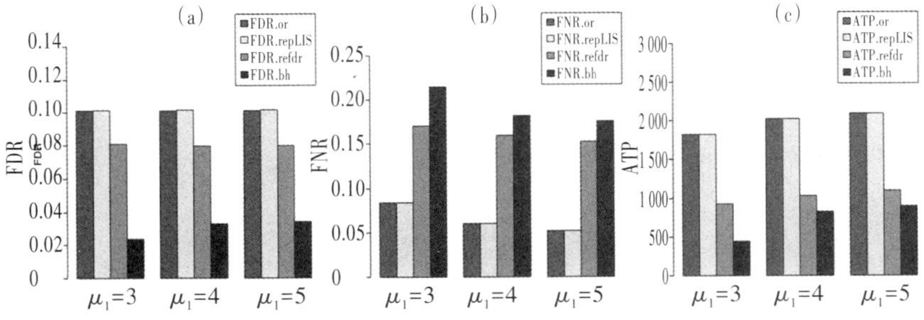

图9-3　情形二下两个GWAS的可重复性分析结果

repLIS方法在进行可重复性分析时具有明显的优越性。这主要是由于马尔可夫链可以较好地描述关联SNP的集聚性。表9-1展示的结果为，repLIS方法、repfdr方法以及BH方法检测集聚的可重复性关联的结果。这些模拟数据由情形二下的模拟产生（μ_1固定为3）。由表9-1可知，BH方法和repfdr方法只能识别出较小p值的可重复性关联，而repLIS方法可以识别出整个集聚的可重复性关联。通过有效地利用相邻SNP之间的相依性信息，repLIS方法在检验可重复性关联时具有更高的功效。

repLIS 方法、*repfdr* 方法和 *BH* 方法对两个集聚的可重复关联的检测结果如表 9-1 所示。‘●’表示存在可重复性关联或者拒绝没有可重复性关联的零假设，‘中’表示不存在可重复性关联或者接受没有可重复性关联的零假设。

表 9-1　repLIS 方法、repfdr 方法和 BH 方法对两个集聚的可重复关联的检测结果

序列	状态	最大 *p*-值	*repfdr*	*repLIS*	*BH* 方法	*repfdr* 方法	*repLIS* 方法
1027	●	1.84e-1	5.48e-1	1.67e-1	○	○	●
1028	●	4.19e-3	4.59e-2	8.78e-3	○	●	●
1029	●	3.95e-2	2.28e-1	5.80e-2	○	●	●
1030	●	1.13e-1	3.79e-1	8.89e-2	○	○	●
1031	●	3.51e-3	2.88e-2	1.89e-2	●	●	●
⋮	⋮	⋮	⋮	⋮	⋮	⋮	⋮
7305	●	1.47e-3	2.21e-2	3.48e-3	●	●	●
7306	●	1.85e-2	2.16e-1	4.34e-2	○	●	●
7307	●	4.56e-2	2.07e-1	5.88e-2	○	●	●
7308	●	1.10e-1	3.73e-1	9.81e-2	○	○	●
7309	●	3.01e-2	3.35e-1	6.96e-2	○	○	●
7310	●	3.04e-4	8.18e-3	1.04e-2	●	●	●

事实上，repLIS 方法可以很容易地拓展到多个（≥ 3）GWAS 的可重复性分析。接下来，将进一步研究 repLIS 方法在基于 3 个 GWAS 可重复性分析中的数值表现。设定参数 $\mu_2 = \mu_3 = 2$ 和 $\sigma_1 = \sigma_2 = \sigma_3 = 1$。

设零假设状态序列$\{(H_{1,j}, H_{2,j}, H_{3,j})\}_{j=1}^{m}$为马尔可夫链，其状态转移概率矩阵和初始概率分布分别为

$$\{B_{i,j}\}^{8\times 8} = \begin{pmatrix} 0.65 & 0.05 & 0.05 & 0.05 & 0.05 & 0.05 & 0.05 & 0.05 \\ 0.05 & 0.65 & 0.05 & 0.05 & 0.05 & 0.05 & 0.05 & 0.05 \\ 0.05 & 0.05 & 0.65 & 0.05 & 0.05 & 0.05 & 0.05 & 0.05 \\ 0.05 & 0.05 & 0.05 & 0.65 & 0.05 & 0.05 & 0.05 & 0.05 \\ 0.05 & 0.05 & 0.05 & 0.05 & 0.65 & 0.05 & 0.05 & 0.05 \\ 0.05 & 0.05 & 0.05 & 0.05 & 0.05 & 0.65 & 0.05 & 0.05 \\ 0.05 & 0.05 & 0.05 & 0.05 & 0.05 & 0.05 & 0.65 & 0.05 \\ 0.05 & 0.05 & 0.05 & 0.05 & 0.05 & 0.05 & 0.05 & 0.65 \end{pmatrix},$$

和

（0.125，0.125，0.125，0.125，0.125，0.125，0.125，0.125）。

考虑将μ_1从2变化到3，每次增加0.5。相应的模拟结果见图9-4。由于该模拟结果与情形二下两个GWAS的可重复性分析结果类似，故不再赘述。

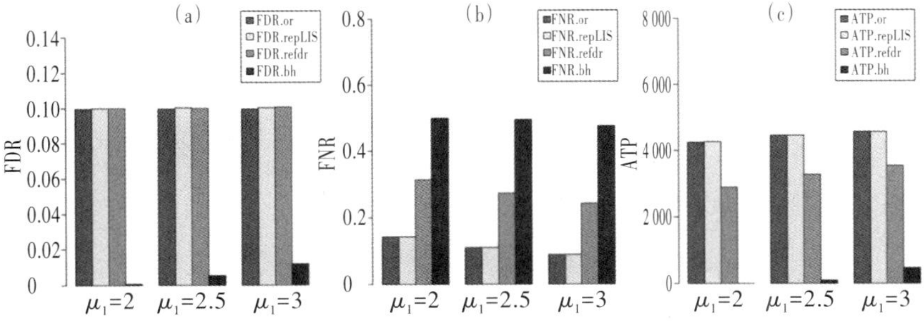

图9-4　情形二下3个GWAS的可重复性分析结果

9.4.2　模拟研究二

本节基于更真实的模拟数据来研究repLIS方法的数值表现。为了产生具有真实连锁不平衡（Linkage Disequilibrium，LD）特征的数据，模拟研究二基于HapMap3收集的部分基因型数据产生模拟数据。

具体而言，分别将来自JPT+CHB（日本东京人和中国北京汉族人）个体的340个单倍型和来自CEU+TSI（有北欧和西欧血统的犹他州居民和意大利托斯卡纳人）个体的410个单倍型两两随机匹配，产生两个基因型库。不失一般性，从第7条染色体的一段区域上选取6个SNP作为致病SNP。具体而言，首先选取3个间隔较大的SNP（第1 200个、第1 500个和第1 800个）作为致病SNP，然后选取3个间隔较小的SNP（第6 500个、第6 504个和第6 508个）作为致病SNP。记Y为个体是否患病的状态，其由下面的逻$G=(G_1, G_2, \cdots, G_6)^T$，辑回归模型产生。

$$\text{logit}\left(P_r(Y=1|G)\right)=\beta_0+\sum_{i=1}^{6}\beta_i G_i,$$

其中$\mathrm{G}=(\mathrm{G}_1, \mathrm{G}_2, \cdots, \mathrm{G}_6)^T$，$G_i$表示第$i$个致病SNP对应的基因型。设置参数$\beta_0=-8$和$\beta_1=\beta_2=\cdots=\beta_6=\log(2)$，使得患病率控制在0.04附近。

通过比较这些可重复性分析方法识别出相关SNP的灵敏度来评估其数值表现，其中相关SNP是指与致病SNP左右相邻的3个SNP，灵敏度是指在可重复性分析方法识别出的前k个SNP中相关SNP占所有相关SNP的比例。结果如图9-5所示。从图9-5中我们可以看出，repLIS方法的灵敏度一致地优于repfdr方法。这表明repLIS方法在基于基因型数据模拟的可重复性分析中依然具有更高的功效。

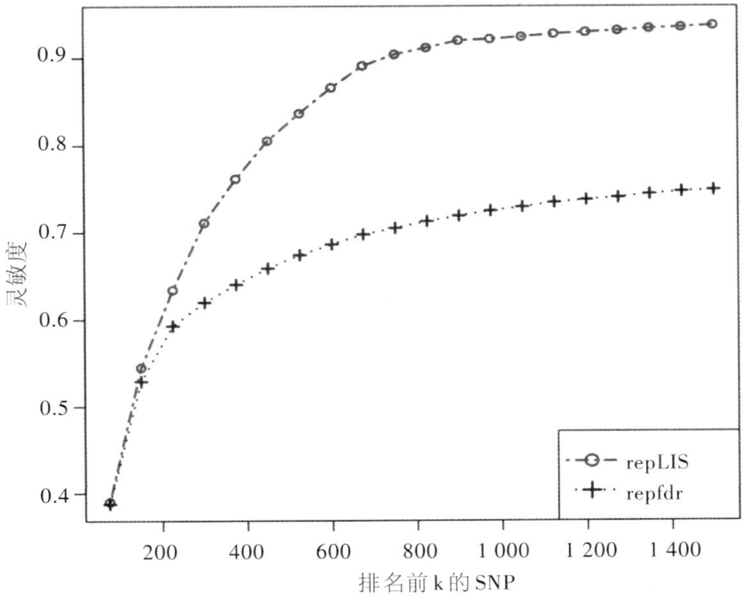

图9-5 repLIS方法和repfdr方法的灵敏度曲线

9.5 实际数据分析

躁郁症是一种既有狂躁发作又有抑郁发作的疾病。在本节中，进一步将repLIS方法应用到基于PGC和WTCCC（Wellcome Trust Case Control Consortium）数据的可重复性分析。WTCCC（Burton 等，2007）收集的数据包含1 998个病例组个体和3 004个对照组个体，其中1 504个对照组个体来自1958年出生队列（1958 Birth Cohort，58C），剩下的对照组个体来自英国献血人群（UK Blood Service，UKBS）。

首先，对WTCCC数据做预处理。由于高缺失率、总体杂合性以及非欧洲血统等因素，分别删除病例组中的130个个体，58C群体中的24个个体以及UKBS群体中的42个个体。其次，根据WTCCC提供的SNP排除列表将相应的SNP删除，同时将最小等位基因频率低于0.05的SNP删除。最后，将PGC和WTCCC提供的可供分析的SNP取交集，得到361 665个用于可重复性分析的SNP。

由于真实的FDR水平在实际数据分析中无法验证，因此选择可重复性信号的排序效率来比较多重检验方法优劣。Burton等（2007）已识别出14个与躁郁症存在强相关和中度相关的SNP。将这14个SNP作为相关SNP。通过比较相关SNP的排序和前k个最显著SNP中相关SNP的数量来评价可重复性分析方法的性能。表9-2所呈现的结果是基于repLIS统计量和repfdr统计量的相关SNP的排序，其中$k = 500$。

表9-2　**选取topk=500时，repLIS和repfdr进行可重复性分析的结果**

SNP ID	染色体	*repfdr* 排序	*repLIS* 排序	*repfdr* 值	*repLIS* 值
rs7570682	2	—	35	1	3.7e-2
rs1375144	2	—	24	1	3.1e-2
rs2953145	2	—	25	1	3.2e-2
rs4276227	3	105	64	6.4e-3	4.5e-2
rs683395	3	99	51	6.4e-3	4.3e-2
rs10982256	9	—	305	1	7.9e-2
rs1344484	16	49	15	1.9e-3	2.3e-2
rs420259	16	255	115	1.5e-2	5.4e-2
rs3761218	20	233	—	1.4e-2	9.8e-1

‘-’表示相关SNP没有被相应的可重复性分析方法检测出。

由表9-2知：（1）repLIS方法识别出8个相关SNP，而repfdr方法只识别出5个相关SNP；（2）repLIS方法找到4个相关SNP （rs7570682、rs1375144、rs2953145、rs10982256），而 repfdr 方法单独找到 1 个相关 SNP（rs3761218）；（3）repLIS 方法找到的相关 SNP 排序更靠前。为了说明 repLIS 方法的优越性，选择 rs420259 左右相邻的 5 个 SNP 作为相关 SNP。如图 9-6 所示，repLIS 方法的灵敏度曲线一致优于 repfdr 方法。

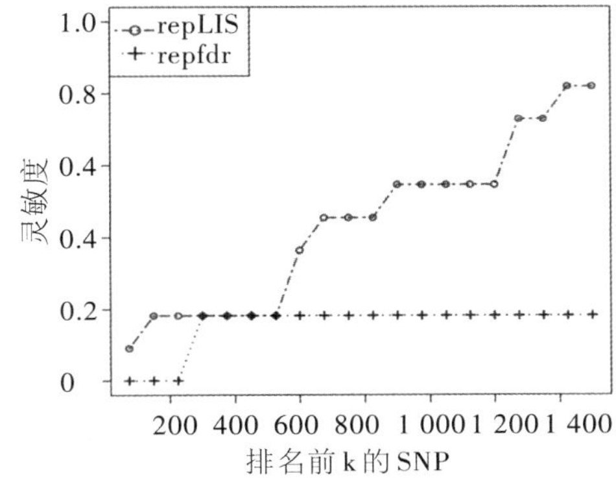

图 9-6　repLIS 方法和 repfdr 方法的灵敏度曲线

9.6　本章小结

本章的内容主要基于 Wang 和 Zhu（2019）的研究工作。基于笛卡尔隐马尔可夫模型，我们系统阐述了一种针对 GWAS 重复性分析的多重检验方法，即 repLIS 方法。传统的多重检验方法通常假设检验统计量独立，忽略了相邻 SNP 之间的局部相关性。本章提出的方法利用 CHMM 捕捉这种相依结构，并利用前向-后向算法高效计算 repLIS 统计量，实现了在控制 FDR 的同时最小化 FNR，从而提高了重复性分析的效率。

通过模拟研究和真实数据分析验证了 repLIS 方法的优越性。在精神疾病相关数据的实际应用中，repLIS 方法比现有方法（如 BH 方法和repfdr方法）识别出更多与疾病显著相关的SNP，同时在重复信号的排序效率和检验灵敏度方面表现出显著优势。结果表明，repLIS方法能够有效利用相邻SNP之间的相关性，从而在存在局部依赖的情境下显著提升检测性能。

事实上，repLIS方法还有一些潜在扩展方向。例如，从齐次马尔可夫链推广到非齐次链或马尔可夫随机场以处理更复杂的相依结构，以及通过引入MCMC算法改进模型参数估计。此外，本方法还可以扩展至多项研究之间的重复性分析，为更复杂的分析任务提供可能。

综上所述，本章介绍的基于CHMM的repLIS方法为解决GWAS中的重复性分析问题提供了一个创新且高效的工具。这一方法不仅在理论上证明了最优性，同时在实际数据分析中表现出良好的适用性和稳健性，为大规模多重检验中的重复性分析提供了新思路和解决方案。

第10章

基于多元隐马尔可夫模型的大范围多重检验方法

本章主要介绍一种基于多元隐马尔可夫模型（Multivariate Hidden Markov Model，mvHMM）①的大范围多重检验方法。该方法不仅可以较好地描述检验之间的局部相依结构，而且适用于多元观测情形。

10.1 引言

大范围多重检验即同时检验数千甚至数百万个零假设，已被广泛应用于各个研究领域，包括教育学（Efron，2008）、遗传学（Wei等，2009）、神经影像学（Shu等，2015）、医学（Li和Barber，2017）、天文学（Cai等，2019）等。例如，在GWAS中，研究者通常需要检验数万个零假设以探寻与复杂疾病或性状相关的SNP；在微阵列数据分析中，研究者需要进行成千上万个双样本t检验以识别表达水平存在差异的基因。目前，研究者已提出一系列控制FDR的多重检验方法。

FDR这一概念由Benjamini和Hochberg（1995）提出，已成为大范围多重检验问题中最常用的控制准则之一。传统的大范围多重检验方法往往只关注如何将FDR控制在预设的显著性水平内，而在很大程度上忽略了检验之间的相依结构（Benjamini和Hochberg，2000；Storey，2002；Genovese和Wasserman，2002）。目前，虽然已有研究指出，在特定的相依结构性下大多数经典的多重检验方法仍然有效（Benjamini 和 Yekutieli，2001；Storey 等，2004；Genovese 和 Wasserman，2004；Wu，2008），但是部分相关研究表明，这些相关性不容忽视。例如，Efron（2007）以及Schwartzman和Lin（2011）通过研究发现，忽视检验之间的相关性会降低统计推断的准确性和检验方法的功效；Owen（2005）指出，检验之间的强相关性可导致检

① 为了配合书中公式，Multivariate Hidden Markov Model简写为mvHMM。

验结果的高可变性和不可重复性。

大范围多重检验的另一个常见特征是，多重比较问题产生的观测常常是多维的。例如，在大范围双样本比较中，两个均值向量常具有一定的稀疏性，即两个均值向量中极少数元素是非零的（Liu，2014）。一种直接利用稀疏性信息的方法是采用两阶段策略：首先基于辅助统计量剔除倾向于产生非信号的检验子集，然后基于双样本 t 检验统计量将多重检验方法应用于剩余的检验（Rubin等，2006）。事实上，对于大范围双样本比较问题，使用二维检验统计量（分量分别为辅助统计量和双样本 t 检验统计量）更高效（Cai等，2019）。另一个例子来自微阵列数据分析。由于不同基因的异方差性，联合分析统计量及其标准差有助于适应异方差性（Ploner等，2006）。因此，研究和开发能够适应多元检验统计量的大范围相依多重检验方法具有一定的理论和现实意义。

目前，只有少量适用于多元观测的大范围多重检验方法被提出。Ploner等（2006）将Lfdr方法（Efron，2001）推广到多元观测情形，并使用非参数混合模型来描述多元观测分布。Jiang和Yu（2007）进一步假设多元检验统计量服从多元混合正态模型，并提出一种基于Jlfdr（Joint Local False Discovery Rate）①统计量的多重检验方法。需要指出的是，上述这些多重检验方法均未同时考虑检验之间的局部相依性信息和多元观测情形。为了解决这一问题，本章主要介绍一种基于mvHMM的大范围多重检验方法——mvLIS（Multivariate Local Index of Significance）②方法。mvLIS方法使用一阶马尔可夫链来描述检验之间的局部相依结构，并利用多元正态分布对多元观测进行建模。数值模拟和实际数据分析的结果一致表明，mvLIS方法可在一定

① 为了配合书中公式，Joint Local False Discovery Rate简写为Jlfdr。
② 为了配合书中公式，Multivariate Local Index of Significance简写为mvLIS。

程度上克服上述局限性。

10.2 多重检验框架下的多元隐马尔可夫模型

考虑同时检验 m 个零假设 $\{H_i\}_{i=1}^{m}$，设 $\{\theta_i\}_{i=1}^{m}$ 为零假设的潜在状态序列，其中

$$\theta_i=\begin{cases}0，\text{如果第}i\text{个零假设为真，}\\1，\text{否则。}\end{cases}$$

假设 $\{\theta_i\}_{i=1}^{m}$ 是一个平稳的、不可约的、非周期的马尔可夫链，其状态初始概率和状态转移概率分别为

$$\pi_p=\Pr(\theta_1=p),\ p=0,\ 1, \tag{10-1}$$

和

$$a_{pq}=\Pr(\theta_{i+1}=q|\theta_i=p),\ p,\ q=0,\ 1。 \tag{10-2}$$

不失一般性，考虑二元观测统计量序列 $\{(Z_{1i},\ Z_{2i})\}_{i=1}^{m}$。假设 $\{(Z_{1i},\ Z_{2i})\}_{i=1}^{m}$ 在给定 $\{\theta_i\}_{i=1}^{m}$ 的条件下相互独立，即

$$\Pr(\{(Z_{1i},\ Z_{2i})\}_{i=1}^{m}|\{\theta_i\}_{i=1}^{m})=\prod_{i=1}^{m}P_r((Z_{1i},\ Z_{2i})|\theta_i)。 \tag{10-3}$$

Jiang 和 Yu（2007）给出利用多元混合正态分布对多元观测建模的合理性。由此，进一步假设二元观测统计量 $(Z_{1i},\ Z_{2i})$ 服从两成分多元混合正态模型，即

$$(Z_{1i},\ Z_{2i})|\theta_i\sim(1-\theta_i)N_2(\mu_0,\ \Sigma_0)+\theta_i\sum_{j=1}^{L}\pi_{1,j}N_2(\mu_j,\ \Sigma_j), \tag{10-4}$$

其中 L 为二元混合正态成分个数，并且 $\sum_{j=1}^{L}\pi_{1j}=1$。

由式（10-1）—（10-4）确定的概率图模型为多重检验框架下的多元隐马尔可夫模型（multivariate Hidden Markov Model, mvHMM）。为了方便表示，记 $\boldsymbol{\pi}=(\pi_0, \pi_1)$，$\mathcal{A}=\left[a_{pq}\right]_{2\times 2}$，$\mathcal{F}=(\boldsymbol{\mu}_0, \Sigma_0, \left\{\pi_{ij}, \boldsymbol{\mu}_j, \Sigma_j\right\}_{j=1}^{L}$，以及 $\vartheta=(\boldsymbol{\pi}, \mathcal{A}, \mathcal{F})$。

10.3　“神谕”的mvLIS方法

在本节中，假设mvHMM的参数已知。基于mvHMM，定义多元局部显著性指标（multivariate Local Index of Significance，mvLIS）统计量为，

$$mvLIS_k=\Pr\left(\theta_k=0|\left\{(z_{1i}, z_{2i})\right\}_{i=1}^{m}\right),\ k=1,\ \ldots,\ m。$$

mvLIS统计量可表示为

$$mvLIS_k=\frac{\alpha_k(0)\beta_k(0)}{\sum_{p=0}^{1}\alpha_k(p)\beta_k(p)},$$

其中 $\alpha_k(p)=\Pr(\theta_k=p, \{(z_{1i}, z_{2i})\}_{i=1}^{k}$ 和 $\beta_k(p)=\Pr(\left\{(z_{1i}, z_{2i})\right\}_{i=k+1}^{m}|\theta_k=p)$ 分别为前向变量和后向变量。记 $mvLIS_{(1)}$，$mvLIS_{(2)}$，$\cdots mvLIS_{(m)}$ 为从小到大排序的mvLIS统计量，记 $H_{(1)}$，$H_{(2)}$，$\cdots H_{(m)}$ 为相应的零假设。“神谕”的mvLIS方法的执行过程如下，

令 $l=max\{t:\frac{1}{t}\sum_{j=1}^{t}mvLIS_{(j)}\leqslant\alpha\}$，则拒绝 $H_{(i)}$，$i=1, \cdots, l$。

通过推导，容易证明“神谕”的mvLIS方法可将FDR控制在预设的显著性水平 α 以下。基于Sun和Cai（2009）的复合决策理论框架，可以证明“神谕”的mvLIS方法在所有 α 水平的多重检验方法中，渐近地使得FNR达到最小。上述理论结果被总结在下面的定理中。

定理10.1　考虑多重检验框架下的多元隐马尔可夫模型式（10-1）—（10-4）。“神谕”的mvLIS方法将FDR控制在显

著性水平α以下，并且是渐近最优的，即“神谕”的mvLIS方法的FNR为$\beta^* + o(1)$，其中β^*为所有α水平的多重检验方法的FNR的最小值。

定理10.1与Wang和Zhu（2009）中定理1的证明过程类似，这里不再赘述。

10.4 数据驱动的mvLIS方法

在实际数据分析中，mvHMM的参数通常是未知的。将mvHMM的参数ϑ替换为其极大似然估计$\hat{\vartheta}$，得到数据驱动的mvHMM统计量$\widehat{\text{mvLIS}}_k$，$k = 1, \cdots, m$。记$\widehat{\text{mvLIS}}_{(1)}$，$\widehat{\text{mvLIS}}_{(2)}$，$\cdots$，$\widehat{\text{mvLIS}}_{(m)}$为从小到大排序的数据驱动的mvHMM统计量，记$H_{(1)}$，$H_{(2)}$，$\cdots$，$H_{(m)}$为相应的零假设。数据驱动的mvHMM方法的执行过程如下：

令$l = \max\{k: \frac{1}{k}\sum_{i=1}^{k}\widehat{\text{mvLIS}}_{(i)} \le \alpha\}$，则拒绝$H_{(i)}$，$i = 1, \cdots, l$。

本节首先考虑混合二元正态成分个数已知的情形。引入辅助变量ξ_i，其中$\xi_i = j$表示$(z_{1i}, z_{2i}) \sim N_2(\mu_j, \Sigma_j)$。为了方便符号表示，记$\boldsymbol{\theta} = \{\theta_i\}_{i=1}^m$，$\boldsymbol{\xi} = \{\xi_i\}_{i=1}^m$以及$\mathbf{z} = \{z^{(i)}\}_{i=1}^m = \{(z_{1i}, z_{2i})^T\}_{i=1}^m$。

若隐状态序列均可观测，则完全数据对数似然函数可表示为

$$log L(\vartheta; \boldsymbol{\theta}, \boldsymbol{\xi}, z) = \sum_{p=0}^{1} I(\theta_1 = p) log \pi_p +$$

$$\sum_{i=1}^{m-1}\sum_{p=0}^{1}\sum_{q=0}^{1} I(\theta_i = p)(\theta_{i+1} = q) log a_{pq} + \sum_{i=1}^{m}(\theta_i = 0)\log f(z^{(i)}|\mu_0, \Sigma_0) +$$

$$\sum_{i=1}^{m}\sum_{j=1}^{L} I(\xi_i = j)\log f(z^{(i)}|\mu_j, \Sigma_j),$$

其中$f(\cdot|\mu, \Sigma)$为$N_2(\mu, \Sigma)$对应的PDF。在实际中，由于隐状态序列

不可观测，故无法直接计算完全数据的对数似然。本节使用EM算法求解mvHMM的极大似然估计。

首先，初始化mvHMM的参数$\vartheta^{(0)}=\left(\pi^{(0)}, \mathcal{A}^{(0)}, \mathcal{F}^{(0)}\right)$在第$t+1$次迭代中的E步，求解完全数据对数似然在给定$z$和$\vartheta^{(t)}$的条件下关于$\boldsymbol{\theta}$和$\boldsymbol{\xi}$的条件期望

$$Q\left(\vartheta ; \vartheta^{(t)}\right)=\mathrm{E}_{\vartheta^{(t)}}\left[\log L(\vartheta ; \boldsymbol{\theta}, \boldsymbol{\xi}, z) | z\right]=\sum_{p=0}^{1} \gamma_{1}^{(t)}(p) \log \pi_{p}+$$

$$\sum_{p=0}^{1} \sum_{q=0}^{1} \sum_{i=1}^{m-1} \eta_{i}^{(t)}(p, q) \log a_{pq}-\frac{1}{2} \sum_{i=1}^{m} \gamma_{i}^{(t)}(0)\left(z^{(i)}-\mu_{0}\right)^{T} \Omega_{0}\left(z^{(i)}-\mu_{0}\right)-$$

$$\frac{1}{2} \sum_{j=1}^{L} \sum_{i=1}^{m} \zeta_{i}^{(t)}(j)\left(z^{(i)}-\mu_{j}\right)^{T} \Omega_{j}\left(z^{(i)}-\mu_{j}\right)+C,$$

其中C是与mvHMM参数无关的常数，$\Omega_{0}=\Sigma_{0}^{-1}$，$\Omega_{k}=\Sigma_{k}^{-1}$以及$\gamma_{i}^{(t)}(p)=\operatorname{Pr}_{\vartheta^{(t)}}\left(\theta_{i}=p |\left\{\left(z_{1i}, z_{2i}\right)\right\}_{i=1}^{m}\right)$，$\eta_{i}^{(t)}(p, q)=Pr_{\vartheta^{(t)}}\left(\theta_{i}=p, \theta_{i+1}=q |\left\{\left(z_{1i}, z_{2i}\right)\right\}_{i=1}^{m}\right)$和$\varsigma_{i}^{(t)}(j)=\operatorname{Pr}_{\vartheta^{(t)}}\left(\xi_{i}=j |\left\{\left(z_{1i}, z_{2i}\right)\right\}_{i=1}^{m}, \theta_{i}=1\right)$。上述这些中间变量可利用前向-后向算法求得。具体而言，这些中间变量可表示为

$$\gamma_{i}^{(t)}(p)=\frac{\alpha_{i}^{(t)}(p) \beta_{i}^{(t)}(p)}{\alpha_{i}^{(t)}(0) \beta_{i}^{(t)}(0)+\alpha_{i}^{(t)}(1) \beta_{i}^{(t)}(1)}, \quad p=0, 1,$$

$$\eta_{i}^{(t)}(p, 0)=f\left(z^{(i+1)} | \mu_{0}^{(t)}, \Sigma_{0}^{(t)}\right) \gamma_{i}^{(t)}(p) a_{pq}^{(t)} \frac{\beta_{(i+1)}^{(t)}(0)}{\beta_{(i)}^{(t)}(p)}, \quad p=0, 1,$$

$$\eta_{i}^{(t)}(p, 1)=\sum_{j=1}^{L} \pi_{1j}^{(t)} f\left(z^{(i+1)} | \mu_{j}^{(t)}, \Sigma_{j}^{(t)}\right) \gamma_{i}^{(t)}(p) a_{pq}^{(t)} \frac{\beta_{(i+1)}^{(t)}(1)}{\beta_{(i)}^{(t)}(p)}, \quad p=0, 1,$$

$$\varsigma_{i}^{(t)}(j)=\gamma_{i}^{(t)}(1) \frac{\pi_{1j}^{(t)} f\left(z^{(i)} | \mu_{j}^{(t)}, \Sigma_{j}^{(t)}\right)}{\sum_{j=1}^{L} \pi_{1j}^{(t)} f\left(z^{(i)} | \mu_{j}^{(t)}, \Sigma_{j}^{(t)}\right)}, \quad j=1, \cdots, L,$$

其中$\alpha_i^{(t)}(p)=\Pr_{\vartheta^{(t)}}(\theta_i=p,\ \{(z_{1i},\ z_{2i})\}_{j=1}^{i})$和$\beta_i^{(t)}(p)=\Pr_{\vartheta^{(t)}}\left(\{(z_{1i},\ z_{2i})\}_{j=i+1}^{m}|\theta_i=p\right)$。

在第$t+1$次迭代中的M步，最大化Q函数得

$$\pi_p^{(t+1)}=\gamma_1^{(t)}(p),\ p=0,\ 1,$$

$$a_{pq}^{(t)}=\left\{\sum_{i=1}^{m-1}\gamma_i^{(t)}(p)\right\}^{-1}\left\{\sum_{i=1}^{m-1}\eta_i^{(t)}(p,\ q)\right\},\ p,\ q=0,\ 1,$$

$$\mu_0^{(t+1)}=\left\{\sum_{i=1}^{m}\gamma_i^{(t)}(0)\right\}^{-1}\left\{\sum_{i=1}^{m}\gamma_i^{(t)}(0)z^{(i)}\right\},$$

$$\Sigma_0^{(t+1)}=\left\{\sum_{i=1}^{m}\gamma_i^{(t)}(0)\right\}^{-1}\left\{\sum_{i=1}^{m}\gamma_i^{(t)}(0)(z^{(i)}-\mu_0^{(t+1)})(z^{(i)}-\mu_0^{(t+1)})^T\right\},$$

$$\pi_{1j}^{(t)}=\left\{\sum_{i=1}^{m}\gamma_i^{(t)}(1)\right\}^{-1}\left\{\sum_{i=1}^{m}s_i^{(i)}(j)\right\},\ j=1,\ \cdots,\ L,$$

$$\mu_j^{(t+1)}=\left\{\sum_{i=1}^{m}\zeta_i^{(t)}(j)\right\}^{-1}\left\{\sum_{i=1}^{m}s_i^{(i)}(j)z^{(i)}\right\},\ j=1,\ \cdots,\ L,$$

$$\Sigma_j^{(t+1)}=\left\{\sum_{i=1}^{m}\zeta_i^{(t)}(j)\right\}^{-1}\left\{\sum_{i=1}^{m}s_i^{(i)}(j)(z^{(i)}-\mu_j^{(t+1)})(z^{(i)}-\mu_j^{(t+1)})^T\right\},\ j=1,\ \cdots,\ L。$$

10.5 模拟研究

本节主要介绍“神谕”的mvLIS方法（mvLIS.or）、数据驱动的mvLIS方法（mvLIS）、BH方法（Benjamini和Hochberg，1995）、LIS方法（Sun和Cai，2009）、Jlfdr方法（Jiang和Yu，2017）以及SIM（Single- Index Modulated）方法（Du和Zhang，2014）在模拟中的数值表现。需要指出的是，LIS方法（LIS1）和BH方法（BH1）仅使用

第一个观测序列$\{z_{1i}\}_{i=1}^{m}$。

我们根据二元混合正态分布中成分数量是否已知，将模拟分为两个部分。在第一部分中，假设成分数量L是已知的；但在实际应用中，通常情况下L是未知的。因此，在第二部分中，我们利用贝叶斯信息准则（BIC）来选择最合适的L，以实现数据驱动的mvLIS方法。不失一般性，我们将检验的数量m和FDR水平α分别设置为5000和0.1。所有模拟结果均基于100次重复试验。

10.5.1 模拟研究一

考虑多重检验框架下的mvHMM。假设零假设的状态序列$\{\theta_i\}_{i=1}^{m}$由一个一阶马尔可夫链生成。该马尔可夫链的状态转移概率矩阵是

$\mathcal{A}=(0.9,\ 0.1;\ \ a_{10},\ 1-a_{10})$,

并且令$\theta_1=1$。二维统计量序列$\{z_{1i},\ z_{2i}\}_{i=1}^{m}$由式（10-4）生成，其中$\boldsymbol{\mu}_0$和$\boldsymbol{\Sigma}_0$分别设置为零向量和单位矩阵。分别考虑两种情形（$L=1$和$L=2$）下的数值模拟。

情形一：（$L=1$）

在情形一中，设置参数$\boldsymbol{\mu}_1=(\mu_{11},\ 2)^T$和$\boldsymbol{\Sigma}_1=(1,\ \rho;\ \ \rho,\ 1)$考虑如下参数设置。

参数设置1：固定$\mu_{11}=1$，$\rho=0.5$，将a_{10}在0.25到0.75的范围内变化，每次增加0.25。

参数设置2：固定$a_{10}=0.2$，$\rho=0.5$，将μ_{11}在1到2的范围内变化，每次增加0.5。

参数设置3：固定$\mu_{11}=1$，$a_{10}=0.2$，将ρ在0.2到0.8的范围内变化，每次增加0.3。

情形一的详细模拟结果如图10-1所示。从图10-1（a）可以看

到，在参数设置1中，所有6种方法均将FDR控制在显著性水平0.1。然而，不考虑检验之间相依性的BH方法和Jlfdr方法相对较为保守。值得注意的是，SIM方法作为模拟的基准方法，是在所有模型参数和零假设比例均已知的情况下运行的。图10-1（b）和（c）汇总了参数设置1中各方法的FNR值和ATP值。结果显示，在相同的模型参数设置下，mvLIS.or和mvLIS方法的FNR（ATP）值几乎相同，且均显著优于其他竞争方法。这表明数据驱动的mvLIS方法能够有效模仿“神谕”的mvLIS方法，两者均具备优越的多重检验功效。进一步分析可以发现，随着a_{10}的减小，mvLIS方法的FNR值也随之降低，而不考虑检验之间局部相依性的其他方法则呈现相反趋势。这是因为当a_{10}值较小时，非零假设检验之间的局部相依性较强，从而使得考虑检验之间局部相依性的mvLIS方法表现出更明显的优势。同时，还可以观察到，SIM方法的检验功效始终低于mvLIS方法，这是因为SIM方法在投影转换过程中可能导致信息损失，而mvLIS方法在一定程度上避免了降维引起的此类损失。

图10-1的（d）—（f）展示了参数设置2下的模拟结果。与之前的分析一致，所有方法均能将FDR控制在预设的水平0.1。值得注意的是，随着参数μ_{11}的增加，各方法的检验功效也有所提升。这是因为较大的μ_{11}通常使非零假设的检验统计量更具信息性，从而增强了检测能力。

图10-1的（g）—（i）展示了相关系数ρ变化时各多重检验方法的数值结果。可以看出，所有比较方法都能有效控制FDR，但mvLIS方法表现出更高的功效。值得注意的是，随着ρ的增加，基于二维统计量的联合分析增强了信号强度。因此，Jlfdr方法的功效随着ρ的增加而提高。

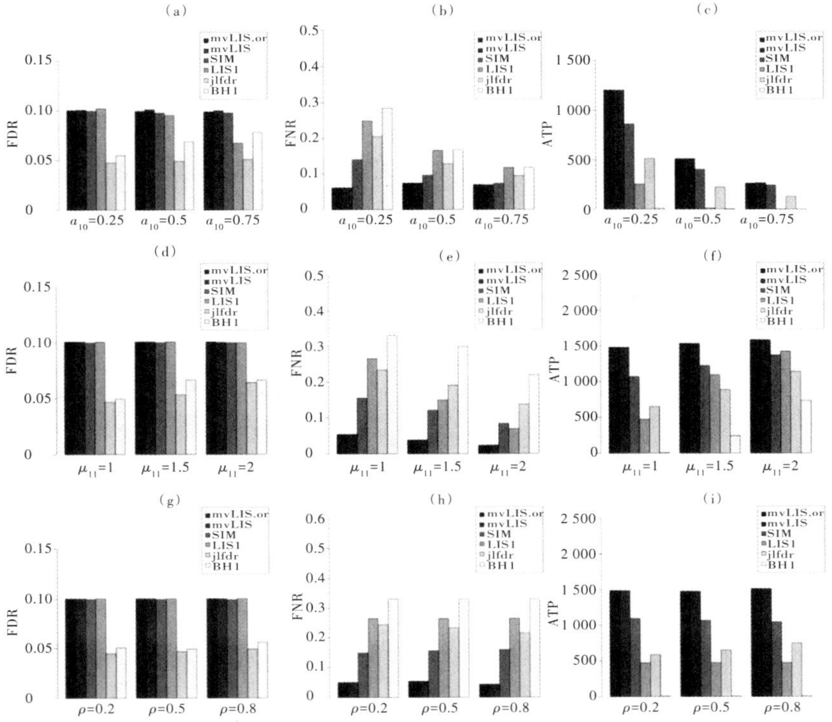

图 10-1　情形一下参数设置 1—3 对应的模拟结果

情形二：(L = 2)

在情形二中，设置参数 $\boldsymbol{\mu}_1 = (\mu_{11},\ 3)$，$\boldsymbol{\mu}_2 = (1,\ 2)^T$ 和 $\boldsymbol{\Sigma}_1 = \boldsymbol{\Sigma}_2 = (1,\ \rho;\ \rho,\ 1)$。类似于情形一的参数设置，考虑如下参数设置。

参数设置 4：固定 $\mu_{11} = 2$，$\rho = 0.5$，$\pi_{11} = 0.5$，将 a_{10} 在 0.25 到 0.75 的范围内变化，每次增加 0.25。

参数设置 5：固定 $a_{10} = 0.2$，$\rho = 0.5$，$\pi_{11} = 0.5$，将 μ_{11} 在 1.5 到 2.5 的范围内变化，每次增加 0.5。

参数设置 6：固定 $\mu_{11} = 2$，$a_{10} = 0.2$，$\pi_{11} = 0.5$，将 ρ 在 0.2 到 0.8 的范围内变化，每次增加 0.3。

参数设置 7：固定 $\mu_{11} = 2$，$a_{10} = 0.2$，$\rho = 0.5$，将 π_{11} 在 0.3 到 0.7

的范围内变化，每次增加0.2。

参数设置4—7对应的模拟结果如图10-2所示。可以看到，这些结果与情形一的模拟结果大致相符。需要特别指出的是，较大的$\boldsymbol{\pi}_{11}$值通常对应着更显著的非零混合比例，因此，随着$\boldsymbol{\pi}_{11}$的增加，各比较方法的FNR值均有所降低。总体而言，我们从图10-2中得出了与情形一相似的结论，故在此不再赘述。

10.5.2 模拟研究二

在实际应用中，二元混合正态分布的成分数量通常是未知的。正如Sun和Cai（2009）所建议的，可以通过贝叶斯信息准则（BIC）来选择适当的L。本小节的模拟结果显示，当所有非零均值向量均位于零均值向量的同一侧时，我们可以采用简化模型，即$L = 1$。考虑$L = 3$，并且$\boldsymbol{\pi}_{11} = 0.5$，$\boldsymbol{\mu}_1 = (\mu_{11},\ 0.5)^T$，$\boldsymbol{\Sigma}_1 = (1,\ \rho;\ \ \rho,\ 1)$，$\boldsymbol{\pi}_{12} = 0.3$，以及 $\boldsymbol{\mu}_2 = (1,\ 2)^T$，$\boldsymbol{\Sigma}_2 = (1,\ \rho;\ \ \rho,\ 1)$，$\boldsymbol{\pi}_{11} = 0.2$，$\boldsymbol{\mu}_3 = (2,\ 1)^T$，$\boldsymbol{\Sigma}_3 = (1,\ \rho;\ \ \rho,\ 1)$。

进一步，考虑下述参数设置。

参数设置8：固定$\mu_{11} = 1.5$，$\rho = 0.5$，将a_{10}在0.15到0.65的范围内变化，每次增加0.05。

参数设置9：固定$a_{10} = 0.15$，$\rho = 0.5$，将μ_{11}在1.5到4.0的范围内变化，每次增加0.25。

参数设置10：固定$\mu_{11} = 1.5$，$a_{10} = 0.15$，将ρ在0.1到0.9的范围内变化，每次增加0.1。

从图10-3中可以得出结论，在几乎所有情况下，在参数设置8—10下，使用数据驱动的mvLIS方法并选择$L = 1$时，其数值性能几乎可以达到“神谕”mvLIS方法的渐近效果。

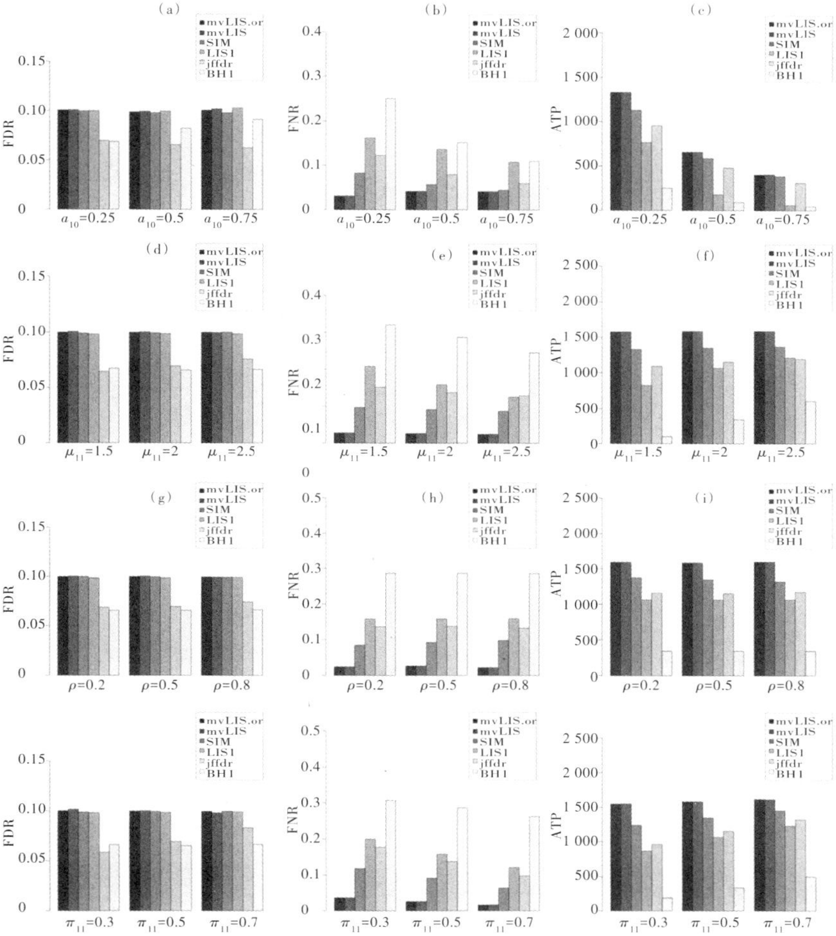

图 10-2　情形一下参数设置 4—7 对应的模拟结果

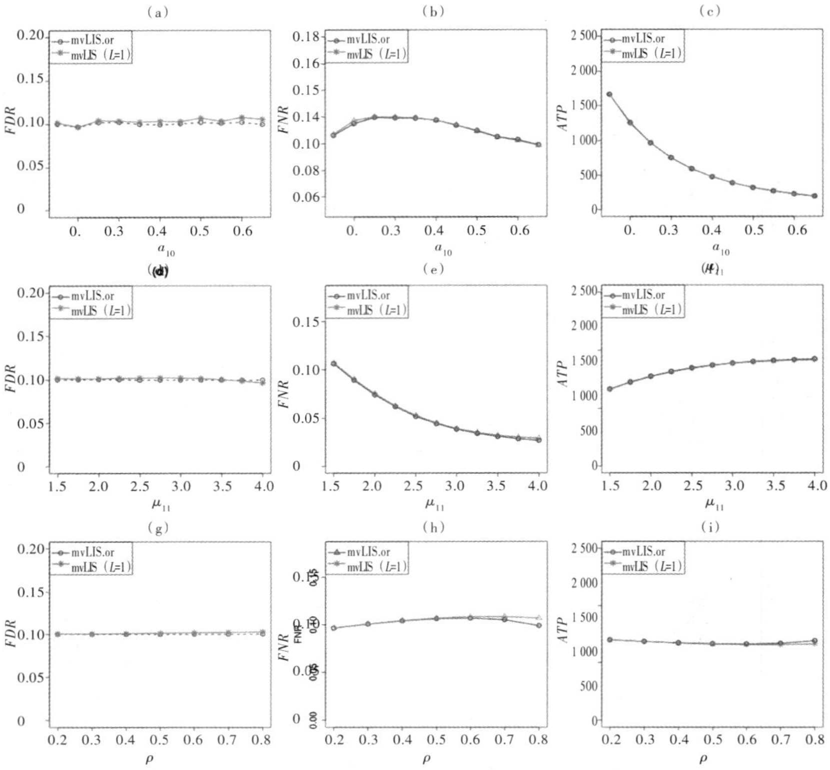

图 10-3　参数设置 8—10 对应的模拟结果

10.6　实际数据分析

精神分裂症是一种具有遗传性的疾病，对公共健康有重大影响。现有研究表明，遗传变异在 SCZ 的病因中起着重要作用（Lichtenstein 等，2006）。为了展示所提出方法的实际应用，我们将 mvLIS 方法应用于两个 SCZ 研究的数据分析中，包括 Sweden+SCZ1（Ripke 等，2013）和 SCZ2（Schizophrenia Working Group of the Psychiatric Genomics Consortium，2014）。这些数据由精神病基因组学联盟

(PGC) 收集，并可在 https://www.med.unc.edu/pgc/download-results/scz/公开获取。在 Sweden+SCZ1 中，Ripke 等（2013）对 13 833 例 SCZ 病例和 18 310 名对照组个体（包括来自瑞典的 5 001 例 SCZ 病例和 6 243 名对照组个体，以及来自独立 PGC SCZ 样本的 8 832 例 SCZ 病例和 12 067 名对照组个体）进行了大规模荟萃分析。同样，在 SCZ2 中，对 36 989 例 SCZ 病例和 113 075 名对照组个体进行了大规模荟萃分析。需要注意的是，SCZ2 的分析中包含了 Sweden+SCZ1 中分析的个体。这里，使用下述公式

$$z_{1i} = \frac{log\left(OR_i^{(Sweden+SCZ1)}\right)}{SE_i^{(Sweden+SCZ1)}},$$

和

$$z_{2i} = \frac{\log\left(OR_i^{(SCZ2)}\right)/\left(SE_i^{(SCZ2)}\right)^2 - \log\left(OR_i^{(Sweden+SCZ1)}\right)/\left(SE_i^{(Sweden+SCZ1)}\right)^2}{\sqrt{1/\left(SE_i^{(SCZ2)}\right)^2 - 1/\left(SE_i^{(Sweden+SCZ1)}\right)^2}}。$$

计算得到二维汇总统计量 (z_{1i}, z_{2i})，其中 $OR_i^{(Sweden+SCZ1)}$ 为 Sweden+SCZ1 中第 i 个风险等位基因的优势比（Odds Ratio），$SE_i^{(Sweden+SCZ1)}$ 为 $log\left(OR_i^{(Sweden+SCZ1)}\right)$ 的标准差。

在真实数据分析中，我们致力于检测与 SCZ 相关的 SNP。由于在当前的真实数据分析中模型参数未知，因此在模拟中使用的 SIM 方法不再适用。为了验证 mvLIS 方法的性能，我们将其与 Jlfdr 方法（Jiang 和 Yu，2007）和 LIS 方法（Sun 和 Cai，2009）进行比较。分别用 LIS1 和 LIS2 表示基于统计量序列 $\{z_{1i}\}_{i=1}^m$ 和 $\{z_{2i}\}_{i=1}^m$ 的 LIS 方法。

图 10-4 展示了在 SCZ 数据分析中，不同方法在目标 FDR 水平下拒绝的 SNP 数量。我们可以看到，与其他方法相比，mvLIS 方法在多个目标 FDR 水平下的检验功效显著提高。例如，在 FDR 水平为 1×10^{-9} 时，mvLIS 方法拒绝了 15 169 个原假设，而基于 Jlfdr 的方法

仅发现了3 720个显著SNP，LIS1和LIS2方法分别发现了4 411个和3 131个显著SNP。这一结果与之前的模拟结果一致，说明mvLIS方法通过利用局部相依性和多维汇总统计量，在检验功效和整体表现上具有明显优势。

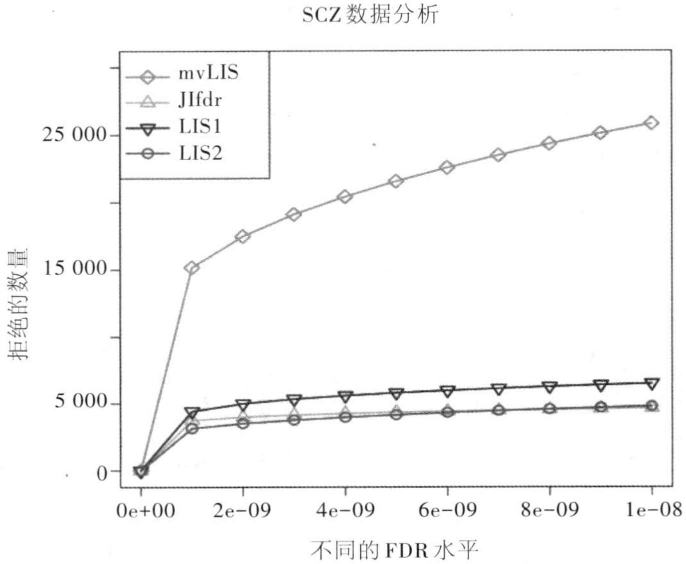

图10-4　SCZ数据分析结果

10.7　本章小结

本章的内容主要基于Hou和Wang（2024）的研究工作。在相依结构下进行大范围多重检验是一个具有挑战性的工作，因为检验之间的相依结构极其复杂且难以表征。此外，已有研究表明，利用辅助信息有助于提高大规模多重检验的效率（Ploner等，2006；Cai等，2019；Fu等，2019）。本章介绍了一种多重检验方法，该方法通过马尔可夫链描述检验之间的时间或一维序列相依结构，并通过多维汇总统计量整合辅助信息。尽管理论结果和模拟表明，mvLIS方法相比于其他方法更为有效且效率更高，但仍有一些改进空间。

首先，在某些情况下，如功能性磁共振成像数据分析中，检验往往表现出空间相依结构（Tansey等，2018）。然而，如前所述，mvLIS方法可以通过马尔可夫链描述时间或一维序列相依结构表征的大范围多重检验。采用更复杂的相依模型，如马尔可夫随机场，可能是处理空间相依结构的一种有效途径。其次，用于估计多元隐马尔可夫模型参数的EM算法是一种启发式算法，可能会得到局部最优解。基于贝叶斯分层模型的MCMC算法可能在一定程度上解决了这一问题。再次，在多元隐马尔可夫模型的框架下，我们利用多元高斯混合模型拟合非零分布。然而，观测数据可能来自离散分布，如泊松分布（Su和Wang，2020）。事实上，基于泊松隐马尔可夫模型，我们的mvLIS方法可以轻松扩展以处理计数数据。最后，在实践中，使用BIC选择混合成分数量L的计算量较大。非参数估计可能为多重检验中非零分布的估计提供一种有效途径（Cai等，2019）。我们计划在进一步的研究中深入探索这一领域。

参考文献

[1] 李航. 统计学习方法 [M]. 2版. 北京：清华大学出版社，2022.

[2] 李少亭. 带有辅助信息的混合模型及其应用 [M]. 大连：东北财经大学出版社. 2020.

[3] ANTONIAK C E. Mixtures of Dirichlet processes with applications to Bayesian nonparametric problems [J]. The Annals of Statistics, 1974 (2): 1152-1174.

[4] BASU P, CAI T T, DAS K, et al. Weighted false discovery rate control in large-scale multiple testing [J]. Journal of the American Statistical Association, 2018, 113: 1172-1183.

[5] BAUM L E, PETRIE T, SOULES G, et al. A maximization technique occurring in the statistical analysis of probabilistic functions of Markov chains [J]. Annals of Mathematical Statistics, 1970, 41 (1): 164-171.

[6] Benjamini Y, Hochberg Y. Controlling the false discovery rate: a practical and powerful approach to multiple testing [J]. Journal of the Royal Statistical Society, 1995, 57: 289-300.

[7] Benjamini Y, Hochberg Y. On the adaptive control of the false discovery rate in multiple testing with independent statistics [J]. Journal of Educational

and Behavioral Statistics, 2000, 25: 60–83.

[8] BENJAMINI Y, HELLER R, YEKUTIELI D.Selective inference in complex research [J]. Philosophical Transactions of the Royal Society of A Mathematical, Physical and Engineering Sciences, 2009, 367: 4255–4271.

[9] BENJAMINI Y, YEKUTIELI D.The control of false discovery rate in multiple testing under dependency [J]. The Annals of Statistics, 2001, 29: 1165–1188.

[10] BICKEL P J, RITOV Y A, RYDEN T.Asymptotic normality of the maximum–likelihood estimator for general hidden Markov models [J]. The Annals of Statistics, 1998, 26 (4): 1614–1635.

[11] BOGOMOLOV M, HELLER R. Discovering findings that replicate from a primary study of high dimension to a follow–up study [J]. Journal of the American Statistical Association, 2013, 108 (504): 1480–1492.

[12] BONFERRONI C E. Teoria statistica delle classi e calcolo delle probabilita [J]. Pubblicazioni del R Istituto Superiore di Scienze Economiche e Commericiali di Firenze, 1936, 8: 3–62.

[13] BURTON P R, CLAYTON D G, CARDON L R, et al. Genome–wide association study of 14 000 cases of seven common diseases and 3, 000 shared controls [J]. Nature, 2007, 447: 661–678.

[14] CAI T, JIN J, LOW M G.Estimation and confidence sets for sparse normal mixtures [J]. The Annals of Statistics, 2007, 35 : 2421–2449.

[15] CAI T T, JIN J.Optimal rates of convergence for estimating the null density and proportion of nonnull effects in large–scale multiple testing [J]. The Annals of Statistics, 2010, 38: 100–145.

[16] CAI T T, SUN W.Large–scale global and simultaneous inference: estimation and testing in very high dimensions [J]. Annual Review of Economics, 2017, 9 (1): 411–439.

[17] CAI T T, SUN W, WANG W.Covariate–assisted ranking and screening for

large-scale two-sample inference [J]. Journal of the Royal Statistical Society: Series B, 2019, 81 (2): 187-234.

[18] CAI T T, SUN W, XIA Y. Law: a locally adaptive weighting and screening approach to spatial multiple testing [J]. Journal of the American Statistical Association, 2022, 117: 1370-1387.

[19] CAO H, CHEN J, ZHANG X.Optimal false discovery rate control for large scale multiple testing with auxiliary information [J]. The Annals of Statistics, 2022, 50 (2): 807-857.

[20] CAO H, SUN W, KOSOROK M R.The optimal power puzzle: scrutiny of the monotone likelihood ratio assumption in multiple testing [J]. Biometrika, 2013, 100 (2), 495-502.

[21] CHUNG D, YANG C, LI C, et al.GPA: a statistical approach to prioritizing GWAS results by integrating pleiotropy and annotation [J]. PLoS Genetics, 2014, 10 (11): 4787.

[22] CIUPERCA G, RIDOLFI A, IDIER J. Penalized maximum likelihood estimator for normal mixtures [J]. Scandinavian Journal of Statistics, 2003: 30 (1), 45-59.

[23] CUI S, GUHA S, FERREIRA M, et al.HmmSeq: a hidden Markov model for detecting differentially expressed genes from RNA-seq data.*The Annals of Applied Statistics*.2015, 9 (2): 901 - 925.

[24] CUI T, WANG P, ZHU W.Covariate-adjusted multiple testing in genome-wide association studies via factorial hidden Markov models [J]. TEST, 2021, 30: 737-757.

[25] DU L, ZHANG C.Single-index modulated multiple testing [J]. The Annals of Statistics, 2014, 42 (4): 1262-1311.

[26] EFRON B.Empirical Bayes analysis of a microarray experiment [J]. Journal of the American Statistical Association, 2001, 96 (456): 1151-1160.

[27] EFRON B.Large-scale simultaneous hypothesis testing: the choice of a null

hypothesis [J]. Journal of the American Statistical Association, 2004, 99 (465): 96-104.

[28] EFRON B.Correlation and large-scale simultaneous significance testing [J]. Journal of the American Statistical Association, 2007, 102 (477): 93-103.

[29] EFRON B. Microarrays, empirical Bayes and the two-groups model [J]. Statistical Science, 2008, 23 (1): 34 - 40.

[30] EFRON B. Large-scale Inference: empirical Bayes methods for estimation, testing, and prediction [M]. New York: Cambridge University Press.2010.

[31] FARCOMENI A.Some results on the control of the false discovery rate under dependence [J]. Scandinavian Journal of Statistics, 2007, 34: 275-297.

[32] FINNER H, ROTERS M.Multiple hypotheses testing and expected number of type I errors [J]. The Annals of Statistics, 2002, 30: 220-238.

[33] FU L, GANG B, JAMES G M, et al. Heteroscedasticity-adjusted ranking and thresholding for large-scale multiple testing [J]. Journal of the American Statistical Association, 2022, 117 (538): 1028-1040.

[34] GASSIAT E, ROUSSEAU J. On the asymptotic behaviour of the posterior distribution in hidden Markov models [J]. Bernoulli, 2014, 20: 2039-2075.

[35] GENOVESE C, WASSERMAN L.Operating characteristics and extensions of the false discovery rate procedure [J]. Journal of the Royal Statistical Society: Series B, 2002, 64 (3): 499-517.

[36] GENOVESE C, WASSERMAN L. A stochastic process approach to false discovery rate procedure [J]. The Annals of Statistics, 2004, 32: 1035-1061.

[37] HATHAWAY, R. J . A constrained formulation of maximum- likelihood estimation for normal mixture distributions [J]. The Annals of Statistics, 1985, 13 (2): 795-800.

[38] HELLER R, YEKUTIELI D. Replicability analysis for genome-wide

association studies [J]. The Annals of Applied Statistics, 2014, 8 (1): 481-498.

[39] HIMES B E, JIANG X, WAGNER P, et al. RNA-Seq transcriptome profiling identifies CRISPLD2 as a glucocorticoid responsive gene that modulates cytokine function in airway smooth muscle cells [J]. PLoS One, 2014, 9 (6): e99625.

[40] HOCHBERG Y. A sharper Bonferroni procedure for multiple tests of significance [J]. Biometrika, 1988, 75: 800-802.

[41] HOLM S. A simple sequentially rejective multiple test procedure [J]. Scandinavian Journal of Statistics, 1979, 6: 65-70.

[42] HOMMEL G.A stagewise rejective multiple test procedure based on a modified Bonferroni test [J]. Biometrika, 1988, 75: 383-386.

[43] Hou Z, Wang P.Large-scale multiple testing via multivariate hidden Markov models [J]. Communications in Statistics- Simulation and Computation, 2024, 53 (4): 1932-1951.

[44] IGNATIADIS N, KLAUS B, ZAUGG J B, et al. Data-driven hypothesis weighting increases detection power in genome-scale multiple testing [J]. Nature Methods, 2016, 13 (7): 577-580.

[45] ISHWARAN H, ZAREPOUR M.Exact and approximate sum representations for the Dirichlet process [J]. Canadian Journal of Statistics, 2002, 30 (2): 269-283.

[46] JIANG W, YU W. Controlling the joint local false discovery rate is more powerful than meta-analysis methods in joint analysis of summary statistics from multiple genome-wide association studies [J]. Bio- informatics, 2017, 33 (4): 500-507.

[47] KUAN P F, CHIANG D Y. Integrating prior knowledge in multiple testing under dependence with applications to detecting differential DNA methylation [J]. Biometrics, 2012, 68 (3): 774-783.

[48] LANGROCK R, ZUCCHINI W. Hidden Markov models with arbitrary state dwell-time distributions [J]. Computational Statistics and Data Analysis, 2011, 55 (1): 715-724.

[49] LANGAAS M, LINDQVIST B H, FERKINGSTAD E. Estimating the proportion of true null hypotheses, with application to DNA microarray data [J]. Journal of the Royal Statistical Society: Series B, 2005, 67 (4): 555-572.

[50] LEROUX B G. Maximum-likelihood estimation for hidden Markov models [J]. Stochastic processes and their applications, 1992, 40 (1): 127-143.

[51] LICHTENSTEIN P, BJÖRK C, HULTMAN C M, et al. Recurrence risks for schizophrenia in a Swedish national cohort [J]. Psychological Medicine, 2006, 36 (10): 1417-1425.

[52] LIU J, ZHANG C, PAGE D. Multiple testing under dependence via graphical models [J]. The Annals of Applied Statistics, 2016, 10 (3): 1699-1724.

[53] LI A, R F BARBER. Accumulation tests for FDR control in ordered hypothesis testing [J]. Journal of the American Statistical Association, 2017, 112 (518): 837-49.

[54] NEAL R M. Markov chain sampling methods for Dirichlet process mixture models [J]. Journal of Computational and Graphical Statistics, 2000, 9 (2): 249-265.

[55] NEWTON M A, NOUEIRY A, SARKAR D, et al. Detecting differential gene expression with a semiparametric hierarchical mixture method [J]. Biostatistics, 2004, 5 (2): 155-176.

[56] OWEN A B. Variance of the number of false discoveries [J]. Journal of the Royal Statistical Society: Series B, 2005, 67 (3): 411-426.

[57] PLONER A, CALZA S, GUSNANTO A, et al. Multidimensional local false discovery rate for microarray studies [J]. Bioinformatics, 2006, 22 (5): 556-565.

[58] QIU X, KLEBANOV L, YAKOVLEV A.Correlation between gene expression levels and limitations of the empirical Bayes methodology for finding differentially expressed genes [J]. Statistical Applications in Genetics and Molecular Biology, 2005, 4 (34): 1-32.

[59] ROEDER K.A graphical technique for determining the number of components in a mixture of normals [J]. Journal of the American Statistical Association, 1994, 89 (426): 487-495.

[60] RIPKE S, DUSHLAINE C O, CHAMBERT K, et al. Genome-wide association analysis identifies 14 new risk loci for schizophrenia [J]. Nature Genetics, 2013, 45 (10): 1150-1159.

[61] RIPKE S, WRAY N R, LEWIS C M, et al.A mega-analysis of genome-wide association studies for major depressive disorder [J]. Molecular Psychiatry, 2013, 18 (4): 497-511.

[62] SCHWARTZMAN A, LIN X.The effect of correlation in false discovery rate estimation [J]. Biometrika, 2011, 98 (1): 199-214.

[63] SCOTT J, KELLY R, SMITH M, et al.False discovery rate regression: an application to neural synchrony detection in primary visual cortex [J]. Journal of the American Statistical Association, 2015, 110 (510): 459-471.

[64] SHU H, NAN B, KOEPPE R.Multiple testing for neuroimaging via hidden Markov random field [J]. Biometrics, 2015, 71 (3): 741-750.

[65] STOREY J D.A direct approach to false discovery rates [J]. Journal of the Royal Statistical Society: Series B, 2002, 64 (3): 479-498.

[66] STOREY J D.The positive false discovery rate: a Bayesian interpretation and the q-value [J]. The Annals of Statistics, 2003, 31 (6): 2013-2035.

[67] STOREY J D. The optimal discovery procedure: a new approach to simultaneous significance testing [J]. Journal of the Royal Statistical Society: Series B, 2007, 69 (3): 347-368.

[68] SUN W, CAI T T. Oracle and adaptive compound decision rules for false discovery rate control [J]. Journal of the American Statistical Association, 2007, 102 (479): 901-912.

[69] SUN W, CAI T T. Large - scale multiple testing under dependence [J]. Journal of the Royal Statistical Society: Series B, 2009, 7 (2): 393-424.

[70] SUN W, REICH B J, CAI T T, et al. False discovery control in large-scale spatial multiple testing [J]. Journal of the Royal Statistical Society: Series B, 2015, 77: 59-83.

[71] TANSEY W, KOYEJO O, POLDRACK R, et al. False discovery rate smoothing [J]. Journal of the American Statistical Association, 2018, 113 (523): 1156-1171.

[72] TEH Y W, JORDAN M I, BEAL M J, et al. Hierarchical dirichlet processes [J]. Journal of the American Statistical Association, 2006, 101 (476): 1566-1581.

[73] TIAN Z, LIANG K, LI P. A powerful procedure that controls the false discovery rate with directional information [J]. Biometrics, 2021, 77 (1): 212-222.

[74] VATTIKUTI S, GUO J, CHOW C C. Heritability and genetic correlations explained by common SNPs for metabolic syndrome traits [J]. PLoS Genetics, 2012, 8 (2): e1002637.

[75] VISSCHER P M, BROWN M A, MCCARTHY M I, et al. Five years of GWAS discovery [J]. The American Journal of Human Genetics, 2012, 90 (1), 7-24.

[76] VOIGHT B F, SCOTT L J, STEINTHORSDOTTIR V, et al. Twelve type 2 diabetes susceptibility loci identified through large-scale association analysis [J]. Nature Genetics, 2010, 42 (7): 579-589.

[77] WANG J, CUI T, ZHU W, et al. Covariate-modulated large-scale multiple testing under dependence [J]. Computational Statistics and Data Analysis,

2023, 180: 107664.

[78] WANG P, TIAN Z. Multiple testing in genome-wide association studies via hierarchical hidden Markov models [J]. Journal of Statistical Planning and Inference, 2024, 232: 106161.

[79] WANG J, WANG P. Large-scale dependent multiple testing via hidden semi-Markov models [J]. Computational Statistics, 2024, 39 (3): 1093-1126.

[80] WANG P, ZHU W. Replicability analysis in genome-wide association studies via Cartesian hidden Markov models [J]. BMC Bioinformatics, 2019, 20 (1): 146.

[81] WANG P, ZHU W. Large-scale covariate assisted two-sample inference under dependence [J]. Scandinavian Journal of Statistics, 2022, 49: 1421-1447.

[82] WANG X, SHOJAIE A, ZOU J. Bayesian hidden Markov models for dependent large-scale multiple testing [J]. Computational statistics and data analysis, 2019, 136: 123-136.

[83] WANG X, YE Y, ZHANG H. Family-based association tests for ordinal traits adjusting for covariates [J]. Genetic Epidemiology, 2006, 30 (8): 728-736.

[84] WEI Z, SUN W, WANG K, et al. Multiple testing in genome-wide association studies via hidden Markov models [J]. Bio- informatics, 2009, 25 (21): 2802-2808.

[85] WU W B. On false discovery control under dependence [J]. The Annals of Statistics, 2008, 36 (1): 364-380.

[86] YAU C, PAPASPILIOPOULOS O, ROBERTS G O, et al. Bayesian non-parametric hidden Markov models with applications in genomics [J]. Journal of the Royal Statistical Society: Series B, 2011, 73 (1): 37-57.

[87] YUN S, ZHANG X, LI B. Detection of local differences in spatial characteristics between two spatiotemporal random fields [J]. Journal of the

American Statistical Association, 2022, 117 (537): 291–306.

[88] ZABLOCKI R W, LEVINE R A, SCHORK A J, et al. Semiparametric covariate–modulated local false discovery rate for genome–wide association studies [J]. The Annals of Applied Statistics, 2017, 11 (4): 2252–2269.

[89] ZHANG X, CHEN J. Covariate adaptive false discovery rate control with applications to omics–wide multiple testing [J]. Journal of the American Statistical Association, 2022, 117: 411–427.

[90] ZABLOCKI R W, SCHORK A J, LEVINE R A, et al.Covariate–modulated local false discovery rate for genome–wide association studies [J]. Bioinformatics, 2014, 30 (15): 2098–2104.

[91] ZUCCHINI W, MACDONALD I L.Hidden Markov models for time series: an introduction using R [M]. London: Chapman and Hall/CRC, 2009

索　引